諮詢合作與融合教育

Creating Collaborative and Inclusive Schools

Lorna Idol　著

周天賜　譯

Creating Collaborative and Inclusive Schools

◆ ◆ ◆ ◆ ◆ ◆ ◆ ◆ ◆ ◆ ◆ ◆ ◆ ◆

Lorna Idol

關於作者
ABOUT THE AUTHOR

Lorna Idol博士是開創協調合作融合學校、合作諮詢、難以教導學生的有效教學與閱讀／學習障礙學生等領域的演講者、諮詢員、作者。她曾任美國伊利諾大學（香檳校區）的副教授、特殊教育教師，現任美國德州大學（奧斯汀校區）兼任教授。她在合作諮詢、有效教學、閱讀補救教學、學習障礙等領域的作品廣泛見於教育期刊及相關書籍。

合作諮詢模式（Collaborative Consultation Model）已在美國、加拿大、澳洲等國實施。Idol 博士在伊利諾大學擔任教職時設計了資源／諮詢教師模式（Resource/Consulting Teacher model）。Idol博士擔任許多學校、州教育廳、大學師資培育方案、公司團體專業發展專案的諮詢顧問。

Lorna Idol 的其他著作及教材

Idol, L., Nevin A., & Paolucci-Whitcomb, P. (2000). *Collaborative consultation* (3rd ed.). Austin, TX: PRO-ED.

Idol, L., Nevin A., & Paolucci-Whitcomb, P. (1999). *Models of curriculum-based assessment* (3rd ed.). Austin, TX: PRO-ED.

Idol, L. (1997). *Reading Success: A specialized literacy program for students with challenging reading needs.* Austin, TX: PRO-ED.

Idol, L. (1993). *Special educator's consultation handbook* (2nd ed.). Austin, TX: PRO-ED.

Idol, L., & West, J. F. (1993). *Effective instruction of difficult-to-teach students: An inservice and preservice professional development program for classroom, remedial, and special education teachers.* Austin, TX: PRO-ED.

Idol, L., & Jones, B. F. (Eds.). (1991). *Educational values and cognitive instruction: Implications for reform.* Hillsdale, NJ: Erlbaum.

Jones, B. F., & Idol, L. (Eds.). (1990). *Dimensions of thinking and cognitive instruction.* Hillsdale, NJ: Erlbaum.

Idol, L., & West, J. F. (1989). *Collaboration in the schools consultation: The problem-solving process* [Video] Austin, TX: PRO-ED.

West, J. F., Idol, L., & Cannon, G. (1989). *Collaboration in the schools: Communicating, interacting, and problem solving.* Austin, TX: PRO-ED.

Idol, L. (Ed.)(1987). *Grace Fernald's remedial techniques in basic school subjects.* Austin, TX: PRO-ED.

關於作者

關於譯者

周天賜

美國州立北科羅拉多大學特殊教育博士
國立台北教育大學特殊教育學系副教授

作者序
PREFACE

協調合作融合學校是由在學校服務的成人開創的。融合和協調合作是使教育方案適合所有學生的必要措施。Putnam、Spiegel 和 Bruininks（1995）預言，在新世紀裡將更往融合邁進，身心障礙者有權利參加融合環境的信念將更普遍，而且輕度障礙學生將在普通班受教。

展望在協調合作融合學校，所有特殊學習和行為需求的學生和其他學生一同在鄰近學校接受教育。展望學校所有同仁分擔所有教育工作人員在學校對所有學生負責到底的信念。展望學校同仁為教育或社會化目的期待，所有學生盡最大可能與所有同齡同儕融合，決策小組達成適合每一個案融合的共識。展望為特殊學習和行為挑戰的學生所做的修改和調整是適當的。

我從經驗中發現融合的學校方案的最佳結構，是運用專家和父母的協調合作小組，共同努力開創所有人都可介入支持的方案。協調合作小組為各個學生做決定，不論是將在普通班受教的特殊教育學生，或是學校失敗高危險群學生（參見 Thousand & Villa [1990] 和 Nevin, Thousand, Paolucci-Whitcomb, & Villa [1990]）。對每一個案，小組的目的是為目標學生確定提高學習環境（參見 Idol & West, 1993）和提供必要的支持以達成目的。

本書為教育實務工作者而寫，這些教育工作者負責協調合作融合學校的發展和實施。因而，本書的對象是級任教師、特殊教育教師、校長、支援的同仁和方案行政人員。這是一本實用的書，強調如何開創協調合作融合學校。

開創一所協調合作學校，是開創一所以小組結構為主的學校，小組負責做決定及實施方案。在協調合作學校，行政人員、教職員同仁和家長集思廣益共同努力。在協調合作學校，所有學生都包含在全校園的教育努力，包括有特殊教育需求的學生。所有學生分配到普通班受教，並且全校同仁以各種類型的小組結構確保所有學生都能接受有品質的教育。

本書各章由一系列的問題構成，可以提供發展協調合作融合學校的重要答案。對問題的答案根據我自己的現場工作，以及反映我在美國、加拿

大、澳洲和紐西蘭與教育工作者合作諮詢和教學經驗的結果和觀察。我懇切地感謝與我合作工作的許多教育工作者。我希望本書可以視為許多教育工作者面對建立協調合作融合學校挑戰的集體知識結晶。

在第一章，我敘述三所學校發展協調合作融合學校的努力。三所學校來自三個不同層級：小學、中間學校（intermediate school）和中學。這三所學校有共同主題和個別差異，為本書其他各章建立討論的平台。

本書各章的名稱以問題形式呈現，每個問題都為探索協調合作融合學校的發展與實施，提供了各面向主要領域的出發點。

譯者序

多年來譯者擔任國立台北教育大學特殊教育學系碩士班「教育諮詢與合作」一科的教學，一直苦於找不到兼顧教育諮詢與特殊教育的適當用書。去年發現 L. Idol（2002）的 *Creating Collaborative and Inclusive Schools*（Austin, TX: PRO-ED）一書頗符合本科的教學目標，因此採用當作教科書。經一學期與同學的講授與討論，發現這麼實用的書若能譯成中文，當有助於國內推行諮詢合作與融合教育，開創協調合作融合學校。

融合教育是世界教育的主要趨勢，1994 年 6 月 7 日至 10 日聯合國教科文組織（UNESCO）在西班牙薩拉曼卡（Salamanca）召開世界特殊教育會議（World Conference on Special Needs Education），會後發表薩拉曼卡特殊教育宣言暨行動綱領（Salamanca Statement and Framework for Action on Special Needs Education），除了重申殘障者（特殊需求者）的教育權外，特別強調融合教育的理念。融合教育的模式有多種，譯者認為特殊班教師與普通班教師間的協調合作與諮詢（collaboration and consultation）是融合教育成功的關鍵。

合作在英文有 cooperation 與 collaboration 兩個字。cooperation 乃一般所謂彼此志同道合的同質合作，可譯作「合作」；collaboration 乃是面對各種不同的、甚至衝突的見解，要在異中求同的異質合作，可譯作「協調合作」。在諮詢合作或合作諮詢的文獻裡較多採用 collaboration 一字，在民主社會裡常是要在異中求同的異質合作。

時下已進入二十一世紀，各行各業面臨世界性轉型競爭與挑戰，莫不強調專業團隊成員間的整合與合作。如何參與小組？在小組中如何與人協調合作？是個人與團體求生存發展必須面對的課題。教師是否是一種專業，一直是爭論的議題，在今日更面臨嚴峻的挑戰。因此，在討論「諮詢合作與融合教育」時，如何整合中小學學校校內人力資源，藉由教師與教師間、特殊班教師與普通班教師間、教師與學校行政人員間等的協調合作與諮詢，對落實本書作者序第二段建立融合學校的四個期待是刻不容緩的。

本書以合作諮詢模式（Collaborative Consultation Model）為架構，將融合教育融入其中。事實上，合作諮詢模式的運用不限於融合教育而已，熟悉這模式的運作後，可類化於其他領域的整合學校校內人力資源。

周天賜　識於
國立台北教育大學特殊教育學系
2008 年 08 月

目錄
CONTENTS

（正文頁邊數字係原文書頁碼，供索引檢索之用）

1

什麼是協調合作融合學校？

What Does a Collaborative and Inclusive School Look Like?

　　本章探討本書的兩個概念：協調合作和融合。闡釋怎樣在三個不同層級的學校——小學、中間學校和中學——實施這些概念。在每一所學校，校長和同仁共同努力為所有學生提供有品質的教育。

　　下列三所學校的描述，提供讀者具體和真實的願景——協調合作融合學校是什麼樣子。每一所學校都是獨特的；然而，三所學校有一些共同的主題。本章將介紹這些主題；並且在本書其他章深入探索其細節。但為了完全瞭解這些學校的描述真正代表什麼，首先瞭解協調合作（collaboration）和融合（inclusion）的意涵是重要的。

協 調合作

　　在一所協調合作學校裡，全校行政人員和同仁期望能共同努力規劃、制定決策、實施方案並評估方案。在協調合作學校，重視使用有效的小組決策過程。

　　努力協調合作是為所有孩子建立健全教育方案的重要部分。合作諮詢模式（Collaborative Consultation Model）最初由 Idol、Paolucci-Whitcomb 和 Nevin（1986）提出，最近加以修正和釐清（Idol, Nevin, & Paolucci-Whitcomb, 1994），已用來建立協調合作學校——讓所有類型的孩子在住家附近一同接受教育的融合學校，學校裡有普通教育和特殊教育間協調合作的方案，其目的為特殊需求及學校失敗高危險群學生的改進或開發方案。

　　West、Idol 和 Cannon（1989）將這一目的分為三項：(1)預防學生發生學習和行為問題；(2)補救學生發生的某些學習和行為問題；(3)對接受一種以上教學方案的學生協調其教育方案。在下列的學校例子，可分別發現這三個目的。

　　原先發展的合作諮詢模式，乃針對普通教育方案裡特殊需求的學生，將合作諮詢（collaborative consultation）定義為：「互動過程在使不同專長的團隊成員對相互定義的問題產生創意的解答。其結果提高和改進任一團隊成員單獨的原始解答」（Idol, Paolucci-Whitcomb, & Nevin, 1986, p. ix）。最近，筆者和同事（Idol et al., 1994）也擴展了這個模式和它的合作和互動過程，應用在學校失敗高危險群學生。

　　因此，使用上述定義，教育工作者能運用合作諮詢模式在教導普通教育方案裡所有有學習和行為問題的學生（參見第二章）。也能應用於協調合作的決策過程（如前述定義，將在第三章詳述），以改進、提高、簡化預期集體決定的任何解決問題的情況。這合作協調過程可用於有效規劃、解決問題、制定決策，因此它是積極策略規劃的有效工具。

　　教育的協調合作本身不是目的；它是用於個體間相互定義具體願景或結果的互動關係的催化過程（Idol & West, 1991）。教育的協調合作是成人對成人的互動過程，對學生的結果有間接影響，而其改變最先是發生在成

2

諮詢合作與融合教育

人的合作。如果參與的成人在態度、技能、知識和行為有所改變，你可期
待這些改變對許多學生的影響將是深遠的。

融 合

　　在融合學校，所有學生在普通教育方案接受教育。融合是特殊學習／
行為需求學生全時在普通教育方案接受教育。基本上，融合意指特殊教育
需求學生的學籍在普通教育方案，100%在同齡班級上課，是沒有分級或分
程度的融合。有些教育工作者最主要的混淆，源自對回歸主流和融合間差
異的誤解，這是常見的。許多人認為這兩個術語是同義字。它們不是同義
字。回歸主流（mainstreaming）是特殊教育需求學生部分時間或部分科目
在特殊教育方案接受教育，但盡最大可能在普通教育方案接受教育。如上
述，融合意指100%安置在普通教育。沒有「部分融合」，它只是重述長期
以回歸主流為名的相同事情（相關討論參見 Schloss, 1992）。

　　Sage（1993）清楚區分回歸主流和融合間的差異。首先，回歸主流和
相似的用語，演變自兩個平行的學校系統（普通教育和特殊教育）；其次，
這兩個平行的學校系統間有其不公平的基本假定。這個假定只是公共教育
的文化實踐——特殊教育是一個重要但較小、隔離自普通教育的系統。因
此，統整的方法，是將較少成員的系統（特殊教育）加入較多成員（主流）
的系統。回歸主流的基本假定是，參與主流團體，就要符合強勢系統的標
準。相反地，根據Sage，融合意指教育系統是單一的，平等地含括所有成
員。

　　這兩個用語的釐清常導致人員分成兩個不同陣營：完全融合陣營和部
分融合陣營（相關議題的深入探討參見 Fuchs & Fuchs [1994] 和 Kauffman
& Hallahan [1995]）。實際上，完全融合（full inclusion）的用語是多餘的，
融合意即100%的時間在普通教育裡；部分融合（partial inclusion）一詞是矛
盾對立的，既是100%就不是「部分」。因此，這兩個陣營的對立主張，一
是對所有學生的融合，一是在連續的特殊教育服務中，融合只是對某些學
生提供的一種選擇。

　　在下列類型的學校，有一所學校是完全融合。但在那所學校有漸進過

3

第 **1** 章　什麼是協調合作融合學校？

渡期，從最初抽出六名學生接受支持性教學，到將所有學生安置在普通班教導。融合的學生有輕度學習與行為問題以及肢體障礙等。在中間學校，根本的改變是融合了所有六名重度及多重障礙學生。在中學，所有學生在一些科目融合，但也在實驗科目提供需要額外學業支持的學生；這種選擇是對所有學生開放，而不僅是對特殊教育學生。在這所學校，輕度學習與行為問題的學生融合在一起。

校長的支持

在建立協調合作融合學校，最重要的元素是校長的支持和領導。在一項對諮詢教師與級任教師合作的調查中（Idol-Maestas & Ritter, 1985），強烈表明這一觀點。幾乎所有的諮詢教師都說，他們能否成功地支援級任教師對特殊教育學生的融合教育，校長的支持是最重要的因素。

筆者在許多學區和學級的諮詢工作中發現，不論教師發展的類型或數量如何，這是個重要因素。如果沒有校長的支持，教師參與協調合作融合學校的發展，付諸實現的機會將非常小。

在下列類型的學校，展示每一位校長的努力支持及強力的領導才能。每位校長都有其與教職同仁相處的獨特方式。早期有效支援的學校研究（Brookover, Beady, Flood, Schweitzer, & Wisenbaker, 1979; Duckett et al., 1980; Edmonds, 1979; Smith & Scott, 1990），將校長看作是教學領導者，不只是行政管理者。這些校長主動參與教師活動並認知在教室教學和學生管理的需要。

4 調合作融合學校

以下說明三所不同學級學校的轉型、成長和改變，校長和教師幫助同仁更加協調合作，使他們的學校更加融合。

諮詢合作與融合教育

小學

　　在這所小學，校長曾是教師，是一位非常強的教學領導者。她有一顆溫暖的心，鼓勵教師要給學生愛和支持。例如，她的辦公室和秘書室滿是泰迪熊和棒棒糖。學校大廳掛滿學生的藝術作品和成果。

　　學校含幼稚園大班到小學四年級，小學每年級兩班、幼稚園全天班一班。有一位特殊教育教師，是校內最年輕的教師，例行地提供抽離式資源教學。

　　筆者在研習中心指導協調合作融合學校時，見過校長及一半的教師。一週的研習有了幾項重要結果。第一，校長安排了兩天的校內研習，由參加研習的教師教導未參加的同仁重要概念。未參加的同仁包括特殊教育教師，他有一點抗拒參與融合，而選擇不參加研習。

　　第二，關於方案的財務，校長做出了一個大膽的決定。她決定以不同的方式來使用《聯邦初等與中等教育法》第一章（federal Chapter I monies）經費。以前，這筆經費用來雇用一位抽離式資源服務的教師。目前，這筆經費與教師助理的特殊教育經費及一些雙語教育經費結合；因此，也包括特殊教育學生在內。這些經費的結合讓校長可以分配給每兩位級任教師一位全時的教師助理，也就是小學每一年級有一位助理和幼稚園有一位助理。

　　教職同仁確定這些助理是用來支援教學，不支援事務工作，他們受分配的級任教師監督。這一決定也使同一年級的級任教師密切合作成為一個團隊，因為他們共用一位教學助理。

　　第三，在校內研習期間，同仁制定了特殊教育教師擔任合作教師的任務說明及教師助理的任務說明，這些任務說明詳見第五章。第四，校長和同仁決定採學校本位決策小組為校內的行政結構，也擔任校長的顧問群。

　　在這些主要改變的第一年，看成人的態度和介入方法怎麼改變是指標性的和令人關注的。例如，在第一學年初，特殊教育教師強烈主張六名符合閱讀障礙的學生應該在資源班受教。在第一學年結束之前，這六名學生中有五名完全地融合，第六名學生每週只抽離普通班三十分鐘。在第二學年初，沒有學生被抽離。因此，在這一學年期間，特殊教育教師的態度正面改變了。

5

其他非常重要的改變是級任教師對融合的態度。最重要的是，同仁在校內研習團結合作，決定朝融合努力。

另一個重大的改變是級任教師怎樣運用特殊教育教師的支援和服務。剛開始時，教師們同意特殊教育教師擔任合作教師，入班提供特殊教育服務。然而，在該學年的進步中，他們變得更加熟練地使用教師助理，運用特殊教育教師的服務也分為兩種。有一半教師喜歡特殊教育教師擔任合作教師的模式，另一半教師喜歡特殊教育教師擔任諮詢教師的角色。諮詢教師與級任教師討論特殊教育教材教法，但不提供學生直接服務（這兩種支援角色的討論詳見第五章）。特殊教育教師非常願意調適級任教師的要求和順利往返於這兩個角色之間。

級任教師需要花時間習慣於有教師助理。即使他們為助理準備了任務說明，教師仍須試驗和調適他們的教室裡有他人在。他們必須與同年級其他教師在教學上密切合作，並透過特殊教育教師獲得最大的支持。

最後令人啟示的改變是，對身心障礙學生態度的變化。在融合的第一學年初，教師們一致同意，認為要融合肢障學生較難。當他們為一位三年級重度腦性麻痺女孩發展了一項傑出的方案，他們的態度改變了。在學年中，他們認為學障學生是最難融合的，特別是如果他們有參加閱讀障礙方案。然後，當這些教師更習慣於與支援同仁合作、從事教學和課程調整（參見第七章）和在教室使用電腦，他們的態度再度改變。在學年結束之前，教師認為有行為問題的學生是最難融合的，他們也開始以嚴密的行為管理和諮商方案處理有嚴重反社會行為的學生（參見第六章）。

中間學校

這所中間學校為五年級和六年級學生提供方案。他們使用了核心小組（Core Team）概念，四位教師組成教學小組密切地合作。核心小組為一團隊，四位教師負責輪流教一大群學生語文、數學、自然及社會等科。這個結構已經存在，同仁也已習慣了小組的合作工作。

這所學校為六名重度障礙學生設有一自足式特殊教育方案。在整個學區這一學級僅有這一班，這六名學生是跨區就讀。

校長被認為是學區內最進步和最精力充沛的校長。通常，他比學區內

其他校長獲得更多基金和特別經費。在帶領這所學校更加協調合作和融合之前，他是學區垂直小組的成員，這個小組負責從事州教育廳提供的融合教育的研究與訓練。

垂直小組的成員代表學區內各級學校。這個小組草擬了一份「決議哲學」（draft philosophy），供學區同仁思考及提出改進的建議（更多關於這小組願景的資訊，參見第三章，圖3.1）。成員間的多樣性是這垂直小組的關鍵所在，包括兩位校長、一位特殊教育主任、一位課程與教學主任、一位助理總監、多位級任教師、多位特殊教育教師、一位身心障礙學生的家長和一位學校輔導教師。

這位校長參與垂直小組的工作後，決定為這所中間學校同仁提供一天半的協調合作融合學校的研習。當他們來接受訓練時，情勢是困難的。研習活動在新學年開學前幾天舉辦，教師們坦言他們寧可多花些時間備課。另一個問題是，教師們剛接到班上學生的名單，發現有一位或多位有特殊教育需求的學生分配到他們班上。有些人憎惡，有些人則非常擔心，因為他們尚不適應於教導和管理有特殊需求的學生。第三個相關問題是，每位教師分配到具挑戰的學生人數不均，有些教師沒分配到，有些教師分配到太多這些學生。

在研習訓練後，學校同仁集體使用協調合作決策過程，做出了一些重要的決定（參見第三章）。他們決定所有級任教師平均分擔具挑戰的學生人數；因為他們同意：分擔教學任務是創立協調合作學校的一部分。

他們並決定，級任教師如果能事先被知會將會有特殊教育學生分配到他們班上，對融合的壓力將大大減輕。他們同意，已經在學區的學生，級任教師應在本學期3月就知道下學期9月該生會分配到他的班上。這段提前時間讓級任教師可到該生本學期的班級拜訪他，並和該生以前的級任教師、該生及其父母見面，以做必要的調整。

該校同仁在普通班融合了所有輕中度學習和行為問題的學生，並為重度及多重障礙學生保留了自足式特殊班。

中學

這所學校是一所貧民區高中，以提供學生學業和職業技術課程和準備

為使命。該校學生主要是非裔和西班牙裔美國人，範圍從九年級到十二年級。校長是社區裡一名非裔美國婦女，熟悉社區傳統，被認為是社區和學校的領導。

這位校長和同仁發展一個具體的行動計畫，幫助同仁建立一所更為協調合作融合的學校。教學協調合作行動計畫（Instructional Collaboration Action Plan）是同仁為發展融合方案及教師成長相關基金，以獲得州經費補助提案的一部分。該行動計畫參見表 1.1。

校長和同仁決定採用教師支援小組協助級任教師，只要他們班上有特殊教育學生、高危險群或具特別挑戰的學生。對級任教師的優勢是，這小組會提供級任教師另外的支援（該校原已有閱讀補救方案供學生選修）。

校長決定部門主任應該參加教師支援小組，該小組共有九位主任。他們參加了三天的同仁成長小組訓練，為執行小組所需規劃了他們自己的行動計畫。他們決定輪流在小組的時間；因此，在任何時間會有五位小組成員加上被支援的該位級任教師。他們決定為該教師支援小組命名為「夢幻小組」（The Dream Team），夢幻小組會提供所有同仁所需要的支援。透過部門主任推介所屬教師接受教師支援小組的支援。

各部門主任和校長也決定，每位主任應在部門會議實施非正式的同仁成長時間。在訓練時小組接受資訊的方式，特別是調整教學和課程的具體策略，能與各部門所有同仁持續分享。運用現有的行政結構，各部門主任負責夢幻小組的介入和持續推動各自部門同仁的成長。

表 1.1 教學協調合作行動計畫

特定步驟／活動	資源／預算	負責團體／部門	實施日期	進步情形
針對融合班各種不同技能程度的學生，包含學障、行為問題、語言差異、肢體差異、輕度智障和學校失敗高危險群等，在協調合作過程自我發展訓練以調整教學	學校本位管理基金（SBM Funds）	P. Dungy & L. Idol	1995.9. 17-19	十位同仁在福特沃斯堡植物園參加三天密集的同仁成長訓練
對全體同仁介紹協調合作概念： • 介紹夢幻小組過程概要		T. Levy	1996.9.25	對全體同仁簡報
持續宣導協調合作過程： • 傳單（夢幻小組／核心小組指南） • 每週公報 • 證明書；推薦書 • 受推介教師的「真實表白」		P. Dungy	1995.9	夢幻小組認可的訓練
通知受推介學生的家長： • 信函簡介由夢幻小組設計的教學調整 • 由家長聯繫系統通知家長會議的日期和時間		P. Dungy	1996.1	
各部門： • 完成「試驗問卷」，描述教師對教學的期望和學生行為 • 由教學調整彙編全方位教學計畫 • 就教學調整，各部門彙編所設計的教學計畫		部門主任	10 月部門會議	閱讀、社會科、英語、語言中心、職業、數學和自然等部門已完成試驗

（接下頁）

表 1.1　教學協調合作行動計畫（續）

特定步驟／活動	資源／預算	負責團體／部門	實施日期	進步情形
教師： • 找出和推介課業不成功但能從教學調整獲益的學生		所有教師	1996. 1	
夢幻小組： • 運用解決問題的過程，每月兩次以教學協調合作為主的集會，直到處理完老師推介的所有學生 • 組成推介小組，找出問題的種類、快速閱讀分數和教師已經使用過的策略 • 小組提供輪流服務 • 運用 *Effective Instruction of Difficult-To-Teach Students*（Idol & West, 1993）一書所設計的示範教案，與被推介教師針對班級或個別學生合作調整教學 • 對課業不成功學生使用協調合作問題解決作業單（參見附錄 5.A） • 尋找所有教師的共同問題 • 輪流擔任小組任務 • 記錄接受服務教師和學生的人數 • 裝訂所有調整的教案，存放在圖書館供同仁使用 • 定期張貼單元範例於工作室佈告欄	$2,880 低表現補助金	夢幻小組成員	1996. 1	

9

諮詢合作與融合教育

總結

　　這三所學校每一所都是獨特的。在各個例子，校長、教職員包括特殊教育同仁，共同努力創造一所協調合作融合學校之願景。實質上，筆者支持他們把自己的學校看作個別的和獨特的文化——一個運用現有資源開創協調合作融合學校的文化；一個從現有基礎擴展，以最有益於同仁且保證實施的方式，為學生的教學服務創造新選擇的文化。

　　這三所學校創造了為特殊教育學生及學校失敗高危險群學生的服務模式，確定提供了預防、補救和協調。這三所學校創造了協調合作結構，鼓勵和促進教職同仁團隊的共同努力。三所學校都有位非常支持的校長作為教學領導者。最後，三所學校的校長和教職員皆有共識朝在普通教育方案教導所有學生而努力。

　　在每一所學校，全體教職員創造了最符合他們需要的多類型服務方式。在小學，它是由特殊教育教師結合諮詢和合作教學的服務，配合增加運用教師助理。在中間學校，它是用核心小組，分配所有學生到普通班教室接受教學（除了最具挑戰性的六名學生之外），控制特殊需求學生在每班的比例，給老師大量提前時間事先接觸將融入他們班的特殊需求學生。在中學採夢幻小組，由九位部門主任組成教師協助小組，該校也保留了原有的閱讀補救方案。

　　讀者要注意，不要認為各個學校所選的服務類型因其學級（即小學、中間學校或中學）而異。只要學校教職員願意，這三所學校所採用的任何一種選擇都能在其他兩層級學校實施。筆者看了許多這樣交叉應用的事例。而且，要點是每一同仁協調合作成為一團隊，加上有堅強的領導，開創了最佳的服務方式。

　　在這三所學校，它們接受願景所創造的改變，都期待實踐願景，並且這些改變是漸進的、有計畫的和經評估的。要瞭解這些學校發生了什麼的關鍵是，應瞭解到不論在決定和實施，這些改變是全校性的改變。

第 1 章　什麼是協調合作融合學校？

諮詢合作與融合教育

2

什麼是學校協調合作的意義？

What Does It Mean for a School To Be Collaborative?

在第一章敘述的三所學校的共同主題是，高度重視教育工作人員、父母和學生間的協調合作。第一章裡的三所示範學校有幾個共同特徵。每校同仁有其個人和團體一致性的評定量表，譬如附錄 2.A。有幾項指數較高，顯示校內同仁團結及重視以團隊方式解決問題。（建議你詳讀本章，再用附錄 2.A 的評定量表確定貴校協調合作的情形。）

協 調合作學校的特徵

　　由於協調合作學校是信念和實務的綜合,描述它比定義它容易。最好的方法是列出它的元素顯示其特徵,Smith 和 Scott(1990)列出的元素如下:

- 根據有效學校研究的信念,教育的品質主要由學校發生的實務所決定。
- 由研究結果所支持的信念,有效教學的學校環境是以同心協力和連續改善為準則。
- 信念:教師是專業,應對教學過程及其結果負責。
- 對廣泛實務和結構的運用,使行政人員和教師共同努力於學校的改善。
- 學校的目標和實踐是由教師共同參與而決定的。

　　隱含在這些元素中的是協調合作學校最主要的目標:教育改善。雖然協調合作有許多其他好處——同仁和諧、教師和行政人員相互尊敬,並提供教師一個專業工作環境——主要好處是教學效率,這是教師同心協力參加學校改善和他們自己專業成長的結果。

合 作諮詢模式

　　合作諮詢模式是幫助學校同仁在發展更協調合作學校時建立堅固基礎的工具(Idol, Nevin, & Paolucci-Whitcomb, 1994),也協助學校成員規劃方案。為了有效地使用合作諮詢模式,協調合作學校裡任何一個問題解決小組成員應專精於下列三個領域:(1)基本知識;(2)合作解決問題和溝通╱互動技能;和(3)積極的內在態度。參見圖 2.1 敘述這三個專業發展領域怎樣影響合作諮詢。圖 2.1 相交的三個圓代表三位合作者(C1、C2、C3)合作解決共同的問題(T=目標)。三個圓的大小相等,表示所有合作者在解決問題的過程中是平等的。

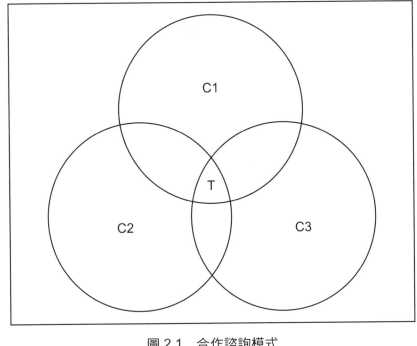

圖 2.1　合作諮詢模式

　　更具體地，筆者將合作諮詢的基本知識基礎定義為諮詢的科學基礎，其內容或知識基礎來自合作者參與協調合作解決問題的過程（Idol, 1990, p. 5）。這知識由與方案實施技術層面有關的廣泛內容構成，包括評量、教學介入、課程與教材修改與調整、班級與學生管理等技術（詳細敘述參見第七、八章）。

　　更多與有效融合及教師基本知識有關的介入措施可見於 Idol 等人（1994）各章及學校同仁成長課程（Idol & West, 1993），包含了表 2.1 所列的十二個模組。模組主題的選擇，是根據融合班有效教學的廣泛科際研究的檢討，結合專家小組的投票（Delphi-panel voting process）。小組成員來自美國教育界許多不同的階層和美國許多州的代表（West & Cannon, 1988）。

　　專業的第二領域——人際溝通、互動和解決問題技能——代表合作者用來提高解決問題過程的行為種類。筆者曾將「諮詢的藝術基礎」描述如下：「藝術基礎基本上是合作者彼此共同解決問題的方式。這個基礎包含諮詢處理的技能。它可示範如何有效做決定的知識、如何和他人合作解決

表 2.1　基本知識基礎的主要成分

模組	成分
1	有效教學的元素
2	有效的教學決策
3	學生檔案評量
4	課程本位學生評量
5	觀察教育環境
6	策略和認知教學
7	課程調適
8	教學調適
9	教材的評估和選擇
10	有效的教室管理和紀律
11	教學環境的管理
12	學生進步評估

註：Adapted from *Effective Instruction of Difficult-To-Teach Students*, by L. Idol and J. F West, 1993, Austin, TX: PRO-ED.

問題以及如何有效和他人互動與溝通」（Idol, 1990, p. 5）。

　　在合作諮詢模式裡，這些各種類型的技能被描述成原則，有待有效的合作者實踐。表 2.2 所列一些優先的合作諮詢原則可提升協調合作的過程。這些原則被認為能提升協調合作的過程，它們與解決問題的任何階段均有關（在第三章詳述）。

　　內在態度在合作諮詢模式裡反映每一合作者帶到小組過程的個人行為。依照 Gardner（1993）的建議，內在智力是多元智力概念的一個重要面向。這些信念、價值和經驗對每一個體都是獨特的，並會影響小組過程。表 2.3 包含某些特定態度敘述，可指引每一合作者發展個人一套自我保存及生存技能，進而幫助自我改進和成長，及對協調合作小組產生正面影響。這些內在態度詳見第十章的解釋。

　　筆者建議，任何一個對使用合作諮詢模式有興趣的專家小組，應確保預期的合作者已具備這三個領域的每一技能。合作者能自我評估每一領域，確定哪些領域需要改善（有效溝通的自我評估工具參見第九章，與融合有

關的態度和信念的自我評估在第十章）。合作解決問題、溝通／互動技能及某些內在態度的額外需求評估工具，和相關的學校同仁訓練教材料可參見 West、Idol 和 Cannon（1989）；基本知識可參見 Idol 和 West（1993）。

表 2.2　合作諮詢的原則

1. 在開始專業工作之前，在小組成員間建立非正式關係。
2. 尊重地對待所有小組成員。
3. 使用情境領導引導小組，調整領導風格以滿足小組的需要。
4. 學會有效地處理衝突和對立。
5. 願意分享資訊並開創信賴關係，使他人能安全地分享。
6. 他人講話時注意傾聽。
7. 分享想法時，能非評斷地反應。
8. 使用適當的訪談技能獲取和分享資訊；表達和發現感受；規劃行動；解決問題。
9. 口頭和書面溝通，使用適當和非術語的語言。
10. 蒐集實用和有用的資料和資訊協助做決定。
11. 願意給予和接受小組成員的回饋。
12. 隨時記住，要對他人的想法和成就予以稱讚。
13. 要覺察非語言的訊息，以便獲得正面信號。

註：Adapted from *Collaborative Consultation* (2nd ed.), by L. Idol, P. Paolucci-Whitcomb, and A. Nevin, 1994, Austin, TX: PRO-ED.

表 2.3　與合作諮詢有關的內在態度

1. 面對恐懼	7. 縱長地思考
2. 分享幽默感	8. 創造新準則
3. 表現正直	9. 積極反應
4. 生活充滿喜悅	10. 向上調升
5. 冒險	11. 自我區分
6. 使用自我決定	

註：From *Collaborative Consultation* (2nd ed., p. 33), by L. Idol, A. Nevin, and P. Paolucci-Whitcomb, 1994, Austin, TX: PRO-ED. Copyright 1994 by PRO-ED.

你 們學校是協調合作的嗎？

參考附錄 2.A，評估你和你的同仁認為你們的學校有多協調合作。重要的是各個人使用評估工具，然後大團體討論個人的發現。如果你的團體很大，分成小組討論比較好，再選出各小組發言人向團體報告小組的一般感想。團體的引導師可編輯小組發言人的一般評估報告。這是建立團體成員共識的好方法，同時確保每個人的知覺和想法被認可和重視。

當整個團體的一般想法達成共識，就能指出哪些領域需要更進一步的發展。重要的是，學校年度改善計畫要包括這些領域，因此這些領域被認真地處理，並由整個團體認可做必要的改善。

總 結

本章探索了學校同仁必須協調合作的基本原則。合作諮詢模式（參見圖 2.1）結合團體的共識評估，是確定你的團體現況的重要基礎。瞭解和運用這個三角形模型的每一向度，對於訓練小組成員協調合作大有助益。

附錄 2.A

你們學校協調合作的情形如何？

姓名：＿＿＿＿＿＿＿＿＿＿＿＿　職位：＿＿＿＿＿＿＿＿＿＿＿＿

學校／單位：＿＿＿＿＿＿＿＿＿　日期：＿＿＿＿＿＿＿＿＿＿＿＿

指導語：建議學校同仁完成這份自我評估。仔細閱讀每題的敘述；接著使
　　　　用下列量尺，評定每一敘述反映貴校當前工作環境的程度；然後，
　　　　與團體中其他成員討論結果，達成對這團體整體印象的共識。

1 ＝我們全校同仁總是這樣表現
2 ＝我們全校同仁大多這樣表現
3 ＝我們全校同仁有這樣表現
4 ＝我們全校同仁很少這樣表現
5 ＝我們全校同仁從未這樣表現

＿＿＿＿ *1.* 全校同仁分享關於教學技術的共同語言。
＿＿＿＿ *2.* 全校同仁經常在教室相互觀察和回饋。
＿＿＿＿ *3.* 全校同仁常在工作室或休息室討論教學技術和方法。
＿＿＿＿ *4.* 全校同仁共同努力熟練新的教學方法或策略。
＿＿＿＿ *5.* 全校同仁一起規劃和設計教材。
＿＿＿＿ *6.* 全校同仁彙集他們的專長和互相分享他們的資源。
＿＿＿＿ *7.* 全校同仁互相學習。
＿＿＿＿ *8.* 全校同仁會議上安排特定時間展示和討論新的或創意教育技術、材
　　　　　料或策略。
＿＿＿＿ *9.* 在全校同仁休息中心主要討論教學實務，而不是聊社會八卦或抱怨
　　　　　學生。
＿＿＿＿ *10.* 安排特定時間供專業同仁協調合作計畫及解決問題。

註：Adapted from *Collaborative School: What! So What! Now What!,* by P. Roy and P.
O'Brien, 1989, November, paper presented at the Annual Conference of the National Staff
Development Council, Anaheim, CA. Copyright 1989 by P. Roy and P. O'Brien.

第 ❷ 章　什麼是學校協調合作的意義？

3

融合對學校有何意義？

What Does It Mean for a School To Be Inclusive?

在本章，我提出十五個有助於教育工作人員建立融合協調合作學校的重要問題供探討。這些問題是我在美國、加拿大、澳洲和紐西蘭等國擔任教育諮詢的結果。儘管提供學校教育的方式會因國家和地區的不同而異，這十五個問題對有興趣於協調合作融合學校教育的任一學區應是基本和相關的。

這十五個問題分成三類。第一類論及較一般和哲學性質的問題。第二類處理融合的一些技術，譬如家長支持、經費、教師適當支持和各式各樣服務方式的選擇。第三類論及實施問題，譬如安排協調合作的時間、工作角色的釐清、確定協調合作小組會共同努力、確保教師知道在教室要實施什麼、學生紀律實務、教師抗拒、為所有學生的融合做準備和方案檢視等。

本章是筆者於 1994 年 4 月在國際特殊兒童協會演講稿的擴充版，曾出版於 Idol（1994b），並修改於 Idol（1997a）。

一般的和哲學的問題

1. 是否已經協調合作地定義「融合」了？

如第一章所討論，當一名有特殊學習或行為需求的學生全時在普通班接受教育，就發生了融合。特殊教育有其重視個別孩子的漫長歷史，直至今日，這種關心和考慮仍在協調合作融合學校裡滋長。

關鍵是學區要開創機會，讓小組成員共同努力協調合作，以確定融合是否為該身障生最佳的選擇，並發展可行的班級方案。由小組共同決定，不是僅由某一位專家個人決定，對該生提供課業融合或社會融合，或兩者都提供較適當。非常重要的是融合的決定，由小組成員及家長逐一對每一兒童共同做決定。否則小組成員間對「融合」的看法及做法易生差距、甚至誤解。這樣的決定不應該基於綱領性依據，譬如「所有學生在融合方案將得到下列……。」當然，每一名特殊教育學生應該首先考慮其個人權利：公平地被對待的權利和盡可能享有最充分教育經驗的權利。這種想法乃依循《身心障礙者教育法案》（Individuals with Disabilities Education Act; [IDEA]）及其前身——《身心障礙兒童教育法案》（Education for All Handicapped Children Act of 1975）的思維。

在協調合作學校內採行改良式連續服務對融合問題是一種合理和負責的方法（也參見 Vaughn & Schumm, 1995）。這種連續服務應該包括：在鄰里為所有孩子提供學校教育（即使是重度及極重度的挑戰）、強調以回歸主流為重點的自足式特殊教育班、支持性資源方案、特殊教育諮詢教師方案、特殊教育合作教學方案，及學校本位小組對級任教師提供任何教室問題的諮詢等。

這種改良式連續服務呼應Fuchs和Fuchs（1994）的主張，重新定義特殊教育和普通教育間的關係之需要。具體地，他們要求認可這一變動的需要，讚賞建立共識的重要，考慮普通教育對此的可能感受，尊重支持特殊教育的傳統、價值和法律，和尋求加強主流及其他教育選擇。以筆者在學校系統的諮詢經驗，這的確是大多數人設法達成的。

18

2.是否學區已經提出對「融合」的理念？

　　這是建立協調合作融合學校最重要的步驟之一，但也是最常被忽略的。學校在發展它們的哲學主張時，有時會忽略協調合作的步驟；僅用某些人或唯一一人發展哲學並強加諸於他人。學區有些人覺得這哲學好像命令或強加給他們，而不是集體努力的湧現。因為僅由少數人決定的哲學，大多數教育人員對它可能沒有歸屬感。在這種情況下，學區同仁間對融合主張的衝突可能激增。這反過來導致傳遞給系統內社區、教師和行政人員的訊息是混亂的和不一致的。

　　多數學區對融合仍在變動狀態，因為他們對此沒有哲學主張。常是行政單位在等校長和教師先開發實務，而後者有時在等行政單位的指示。應建議，雙方共同努力開創一哲學觀點，以反映希望創造的和提供給學生的。

　　圖 3.1 乃由一垂直學校小組最初開發的一個哲學主張的例子，意即它的成員代表來自學區各學級學校。這個小組是在第一章所述同一學區的中間學校裡。這個小組開創了一哲學作為「哲學草稿」，請學區教育工作者對此提供高見，以期精益求精。一開始的重點是，這一哲學是由大家參與意見所創造的。這個小組由兩位校長（一位是第一章所述中間學校校長）、一位特殊教育主任、一位課程與教學主任、一位副督學、幾位級任教師、幾位特殊教育教師、一位身心障礙學生的家長和一位學校輔導員。這不是規定誰應參加這一垂直小組，而是對此垂直小組的描述。各個小組本身應該決定誰最適合在小組服務。

> **融合哲學**
>
> 　　納可杜契斯（Nacogdoches）獨立學區的哲學，在確保所有兒童不論身心障礙、文化背景或社經地位，都可利用對他們適當的資源、服務和支持，以滿足他們獨特的個別和教育需求。學區將持續努力提供最佳的教育服務，因為他們是學區的學生。學校和社區將作為家庭教養和支持每人的教育和社會需求的功能。

圖 3.1　融合哲學的聲明

第 **3** 章　融合對學校有何意義？

圖 3.1 中德州納可杜契斯郡的哲學聲明是學區哲學觀點的舉例。它是幾份草稿的結果，每一草稿經建立共識的過程直到達成目前的現狀。一份較早期的草稿實際上包含了主張融合實踐的強烈字眼。它代表學區人士的共識，經學校董事會認可即形成如本章所述的聲明。在此提出的目的確定不是供讀者複製並且／或供他們的學校小組實施。協調合作地開發這文件的實際過程對改革的努力是重要的。這份文件經閱讀後會有其他的創新；它是團體的另一重要部分，創造一個大家在道德和專業上都能遵守的哲學立場。這樣，哲學觀點成為該校整體文化的一部分。

3. 教師對「融合」的態度和信念是什麼？

要達到有效的改變，需建立全校同仁「同舟共濟」的士氣，彼此分享對「融合」的態度和信念。不僅要祛除消極態度和信念，或增加積極態度和信念長期影響他人，還要能提供安全的專業環境（協調合作小組、成對的老師分組、同仁聚會等），探索、分享、挑戰、再建構和重新思考這些態度和信念。如果將消極態度隱藏、壓抑，可能腐蝕為改變所做的努力，且在同仁間暗中蔓延。

20 表 3.1 列出一些教師抗拒「融合」最常發生的理由。這些理由顯示當同仁成長聚會的氣氛是如此時，要如何讓他們能舒適地分享一些他們的關心。這些理由似乎不管地區、州郡、國家都會出現。然而，以筆者的經驗，就國際間的差異看來，在美國的教育工作者比澳洲、紐西蘭和加拿大的教育工作者似乎更關心讓所有學生在同一年級接受所有的教育內容。

另一關鍵因素是開創適當分享態度和信念的氣氛，讓科際小組一起工作解決這些問題。這些小組最好包括校長、級任教師、特殊教育和補救教學教師、融合專家、學校心理學家和輔導員、社會工作者、口語語言專家、物理治療師和家長等等（參見第十章較詳細探討影響成功融合的態度和信念）。

表 3.1　教師抗拒「融合」的常見類型

- 當學生在教室遇到困難時，有的級任教師習慣於推介這些學生另外安置。
- 過度保護特殊教育學生的特殊教育教師，認為他們是唯一適合這些學生的教師。
- 教師注重於班級的大小及差別對待一名學生，而造成對其他學生的不公平。
- 教師注重於認為家庭是問題的「起因」。
- 教師認為班上每一名學生應該在該年級課程有所表現，即使實際情形並非如此。
- 教師注重於不是教師／學校所能控制的影響變項（例如：依賴酒精或藥物的家庭、低社經地位、家庭道德下降、不正常家庭、不合作的家長等）。
- 教師認為中重度身心障礙學生必須有成人全時陪同。
- 學校同仁害怕他們會傷害肢體障礙學生。
- 學校同仁缺乏與身心障礙學生相處的經驗和時間。

結 構問題

4.學區是否獲得家長對「融合」的支持？

　　家長及教育工作人員擔任學區的諮詢顧問，對發展融合方案是重要的。面對家長的壓力，高度優先提供融合是有計畫的和積極的態度。有時學校小組建立融合方案，是因為某些特殊教育孩子的家長要求他們的孩子要被融合。這種反應常導致學區做融合的選擇，但它是被動的防禦反應。相反，融合方案的發展應該是積極的，在本章所述的每個問題應花時間考慮，讓學校同仁有時間發展有品質的方案，而不只是被動反應。

　　在許多學區，家長對融合的問題有不同的主張。有些要他們的孩子分開地接受教育，另有一些要他們融合。在這樣的分歧狀況，筆者看過學區讓家長選擇將他們的孩子融合或分隔安置，兩種選擇都不做事先預定。這種對融合問題的二分法常用來替代學區建立融合的哲學主張。結果，它常在社區導致分裂和隔離的思維，無法建立社區對特殊性及挑戰性孩子教育的共識。

　　用心告知並邀請父母參與，對發展一個有效的家長支持系統是重要的。這些努力包含要求家長來校參觀、參與發展方案並提供回饋。

5.學校是否有融合教育方案的經費支持？

　　負責的融合方案是昂貴的。一個負責的融合方案要提供級任老師有效教導難教學生的各式各樣支持系統（另見問題6）。有些學區是在道義上提供融合方案，但它們不提供長期充分的經費。也有些學區提供融合方案，是認為它比隔離省錢，所需的支援人員較少。有些學區和學校以各種方式追求更好的勻支調整。部分方法如下所列：

- 建立社區／企業／學校夥伴關係，對方案提供金錢和服務。
- 重新考慮如何籌募支援人員經費並轉為跨經費的職位，以便支援人員能提供班級內各式各樣學生所需的服務。
- 使用一些地方稅收資助方案，而不是完全依靠州和聯邦特殊教育經費或臨時補助。
- 重新考慮現有經費該如何使用。例如在一所學校，校長決定停止使用《聯邦初等與中等教育法》第一章的經費（聯邦為家庭文化不利學生的補救方案所提供的經費）聘任抽離式輔導教師，改為使用該筆經費資助聘任教師助理。在這所學校，結合特殊教育經費和《聯邦初等與中等教育法》第一章的聯邦經費，它們現在每兩位級任老師配有一位教師助理（見第一章）。
- 運用特別方案經費。若是可行，可供學校為學校失敗高危險學生發展創新實務，或發展有效的融合方案。
- 使用學校本位做決策，校內教師小組和校長決定如何使用資源經費。

22　　幾乎在所有事例裡，一再考慮如何籌募經費是發展和提供融合方案必要的一部分。藉由邀集人們決定經費要如何使用、開創或共同創造，而授權給他們。當他們有心投入校內的合作和融合，被授權的人會創造印象深刻的教學方案。對籌募經費做決定是一個強而有力的承諾。

6.如何支持所有教師執行融合教育方案？

　　如果教師對融合持贊同的反應，就必須用各式各樣方式支持他們。一

諮詢合作與融合教育

種非常重要的方式是在基本領域提供全面專業發展機會，譬如：(1)在普通教育方案裡有效教導難教的學生；(2)在溝通、互動、解決問題和團隊做決定中開發諮詢合作技能；(3)在方案發展和實施的關鍵問題；(4)探索、分享和調和與融合有關的內在態度和信念。全面專業發展並且提供教師們同儕練習的機會——彼此在融合教室教導和學習的過程中提供練習和回饋。

提供教師支持的重要部分是全心努力建立全校同仁真正「同舟共濟」的士氣，這在有效學校教育的許多文獻提及。這經常意味，全校同仁需要有機會訓練如何同舟共濟團結合作。一旦成功，全校同仁將一致肯定提供融合方案的各式各樣服務。

7.學校提供哪些服務方式支援融合？

有些學區只提供級任教師一種方式的支援特殊教育服務；就筆者的經驗，這種單一方法是不夠的。一個綜合方案，包括提供級任教師幾種選擇的教導支持，常運作得最好，因為：(1)同一種服務選擇無法令每一個人滿意；(2)單一選擇無法提供所有年級或所有班級平等的支持。

提供融合班和教師的幾種基本服務的選擇，包含合作教學（例如：Bauwens & Hourcade, 1995; Bauwens, Hourcade, & Friend, 1989）、諮詢教學（例如：Idol, 1989, 1993; Idol et al., 1994）、班級教師助理（例如：Welch, Richards, Okada, Richards, & Prescott, 1995）、教師小組提供級任教師規劃及問題解決協助等（例如：Chalfant & Van Dusen Pysh, 1989; Saver & Downes, 1990）。這四種模式的定義見表 3.2，在第四章裡將詳細探討。

為一所特定學校選擇最適當組合的最後選擇，可在至少分為三層級的學校介入層次中選擇其中之一：學習和行為問題的預防、學習和行為問題的補救，和結合的教導方案。鼓勵學校群在支援級任教師的服務方式選擇中，每一層次至少有一種服務方式。

23

表 3.2　支援級任教師的服務方式的選擇

合作教學	支援教師，通常是一位特殊教育教師，在普通班教室與級任教師協調合作教學。
諮詢教學	諮詢教師擔任與級任教師協調合作的班級諮詢員。這位教師不直接教導學生，而是與級任教師協調合作地規劃、評量、設計教材教法、修改課程等。有時以短期、示範和發展的方式分享觀摩教學。
教師助理	在級任教師／諮詢教師監督下，一位副專業助理協助級任教師教導學生。
教師協助小組	教師小組（級任教師和支援教師）對推介的級任教師提供諮詢服務。該推介的級任教師加入這個小組，小組為介入學生、教學、班級管理、學生管教或課程相關問題發展一個具體行動計畫。

 ## 實 施問題

8.學校同仁有充分時間協調合作嗎？

　　學校同仁間協調合作最常見的障礙是缺乏聚會的時間。專業協調合作必須提供充足的時間。不應該要求同仁利用備課、上課前、放學後等時間做專業的協調合作諮詢。這是任何一個行業的前提，在該領域內的專家需要時間相互諮詢。教育專業人員對此的期望應該較少嗎？

　　West 和 Idol（1990, p. 30）在田野訪問中，對時間問題提出十一種不同的解決方式，這是在校長的支持下由各類型學校同仁實施過的。每一種解決方式釋放少量的時間，讓級任教師能與諮詢教師、合作教師或教師協助小組協調合作。這些解決方式列在表 3.3 的第一部分。表 3.3 的第二部分包含一些其他策略，是筆者近年從與各類型學校合作工作得來的。每一解決方式的設計在釋放較短的時間量（例如：大約三十分鐘）。

表 3.3　增加教師諮詢時間的免費或低費用策略　*24*

Idol 和 West（1991）提出的策略
- 定期集合大群學生提供特殊類型經驗（例如：放影片、請來賓演講、看戲等）。
- 在例行的課表中由校長和其他支援同仁每天分擔代上一節課。
- 當學生做獨立計畫／自習時，安排他們一起聚在更大的空間（例如：圖書館或多功能教室），僅由少數幾位同仁督導。
- 長久雇用「浮動」教師助理（這位助理輪流走動多班教室；有些學校雇用兩位計時助理，以便兩位教師能有空與會；有些以社區／學校夥伴基金支付這筆費用）。
- 運用跨齡或同齡同儕小老師，僅由少數幾位同仁督導。
- 運用志工在班上督導（例如：父母、祖父母、社區／企業領導、退休教師）。
- 校長特定每天或每週一個時間作為諮詢合作時間。
- 在日常放學後，沒有學生的時間。
- 由學年主任批准，由實習教師授課。
- 校長在每個學年留出一天作為「諮詢合作日」（在這天不能以其他活動替代）。
- 獲得同仁共識，每週有兩天多上二十分鐘的課，這樣可空出一節為「諮詢合作時間」（確定的日期時間可就同仁的方便交替安排）。

最近現場採訪和教師發展研習所建議的解決方式
- 當教師在產假中，邀請她們偶爾回校臨時代課。
- 輪流室內或室外值星，讓個別教師有時間以參加諮詢合作代替室內值星。
- 將「諮詢合作時間」列為優先，並合法列入學生的個別化教育方案中。
- 輪流安排校長、副校長、相關主管到各班教室偶爾代課。
- 運用教育行政和督導人員偶爾代課。
- 運用輔導員、護士、電腦實驗室教師偶爾代課，教自己的專業。
- 運用家長志工教簡要的學習方法單元，或教自己的專長。
- 運用教師助理，讓教師有空。

---

9. 學校每位同仁知道自己應該做什麼嗎？

　　學校同仁應共同定義在協調合作諮詢中各種角色的任務；否則，彼此對各種角色與其任務認知有矛盾，就會產生問題。例如，是否規劃諮詢服務由本校教師提供，否則不愉快與誤解是必然的結果。　*25*

　　一些實際的例子包括：(1)認為諮詢教師沒有真正盡職，因為他們只在

班級間的走廊走來走去，沒有直接與學生接觸；(2)認為教師協助小組成員與校長有特殊關係，因為他們放下自己的班級去做小組的事；(3)教師助理辭去他們的工作，因為他們認為自己應只協助做文書事務工作，但現在卻要他們直接與學生接觸；或(4)級任教師很煩惱，因為他們認為自己要負責協助極重度身障學生處理如廁的問題。

克服這些錯覺的重要策略，是由學校同仁共同定義任何一項新的或修改過職位的工作任務。通常是在學校同仁進修時、在學校同仁在職時，和在學校同仁制定計畫會議時，會湧現合作工作的氣氛。通常，當他們認為有特定職務的理念應該詳加澄清和達成共識時，學校同仁就有機會採「腦力激盪」的方式處理之。偶爾，學校同仁每一成員列出個人的清單，然後在學校本位管理小組提出這些反應；小組彙整成主要清單，再提供學校同仁激發額外的回饋和提煉。當學校同仁以新方式實驗這些角色和持續地改變和提煉，這些工作說明（job descriptions）似乎經常修正，這即是使用差距評估模式（Discrepancy Evaluation Model）（Provus, 1971；詳細說明參見Idol et al. 1994）。

學校每個小組應該有自己組內獨特的角色任務說明。小組是否採用學校本位的觀念，對開創和發展自己獨特的協調合作融合學校是非常重要的。這些開創的例子可在第四章裡發現。這些例子不應該逐字複製和只是要求執行。成功的實施不會如此；相反地，當小組協調合作、共同努力開創什麼是最適合它們自己獨特的情況時，擁有感就產生了。最好把每一學校看作一個體文化，有它自己的價值、習慣、實務和哲學；各小組應該開創它自己的文化，這樣才能真正地發生增權增能（empowerment）。

10. 小組和成對教師知道如何共同努力嗎？

有些明確的技能（West & Cannon, 1988）是有效的諮詢合作小組所必需的，像是計劃、教學、做決定和評估等。同仁全面訓練的領域：有效溝通、小組互動和小組做決定的技能等，是同仁準備融合重要的第一步。

在同仁發展訓練時，教師需要這些技能的小組訓練。這訓練應涉及示範、模擬實務、輔導員和小組成員的回饋。應該強調教授多步驟問題解決過程。下例是 Idol 等人（1994）所提出的諮詢合作過程的六個步驟：

- 步驟一：目標／加入。
- 步驟二：問題釐清。
- 步驟三：介入建議。
- 步驟四：介入行動計畫。
- 步驟五：評估。
- 步驟六：追蹤和再設計。

　　一旦小組學會了這個過程，可提供更深入改進溝通和小組互動技能的機會。在這期間提供支持性教導與練習，支持小組成員改進他們的技能；這可與個人設定他們的改進目標相結合。

　　有效果和有效率的協調合作小組需要學校追蹤訪談。諮詢員或校外觀察員能就小組問題解決過程給予回饋，和建議如何精練和加速協調合作過程。在筆者作為諮詢員的經驗中，小組使用一本有結構的作業單引導他們協調合作解決問題的過程，和針對解決問題的任務做調整。West 等人（1989）提出一個常用的作業單例子，見附錄 5.A。

11.學校同仁知道自己在班級該做什麼嗎？

　　有時同仁對在融合班該做什麼調整和融合具挑戰的學生缺乏信心。對這個問題的答覆，在於結合對同仁訓練需求的相關評估、相關同仁的發展和提供教師各種支持。評估計需求是指同仁在規劃、評量、教學、管教、安排教學環境、調整教材教法和評估進步情形的優點和缺點（參見 Idol & West, 1993）。

　　經常同仁具有許多所需要的專長。需要規劃專業發展、分享教學和練習的機會，以便同仁能相互教導和學習。有時在教室示範、觀摩教學／教導和練習，這在實施融合教育方案是非常需要的。這些大都能由學校同仁協調合作來完成，較少依賴校外諮詢員（參見第七章和第八章關於融合班的教導策略，包括教學調整、多層次課文和分組合作學習）。

12. 學校訂定合適有效的全校行為管教計畫嗎？

一個有效的全校行為管教計畫對負責任的融合是基本的。缺乏管教的學生常不會認真學習，有時會妨礙他人學習，有時造成教室混亂——都會造成級任教師深受挫折而歸罪於融合惹的禍。

全校行為管教計畫包含以下幾點：

- 列出六到八項正面敘述學生可接受行為的描述，這些常列在學生管教手冊中。
- 在學年的初期與各班學生預覽可接受的行為，並討論這些期望的意義。
- 與學生簽訂行為管教契約，經學生的父母／監護人簽名後繳回學校。
- 在學生管教手冊敘述在校違規和不遵守行為標準的後果。
- 編製學生管教手冊供所有學生和家長參考。
- 平等對待所有學生，不管是否有障礙，期待所有學生都能遵守這些行為標準。對行為異常的特殊教育學生，在其個別化教育方案（Individualized Education Program, IEP）中應該有一個如何支持該生達成這些標準的計畫。不應該豁免這些學生對校規的遵守。請讀者參考本書第六章，討論在融合班調適行為困難學生的各種方式。

13. 是否學校同仁或家長對某類身心障礙學生的融合特別抗拒？

有些成人會對某類身心障礙學生持以特定看法和偏見。這可能是由於缺乏接觸、不瞭解，或過去經驗所致。創造有助於分享這些恐懼和感覺的氣氛是重要的。通常，當教師被問及哪類型學生最難融合，他們的反應會因個人、經驗和信念而異。

許多教師同意，困擾的學生對融合是一大挑戰，因為他們會破壞班級秩序。（這同於第 12 個問題，都和有效的全校行為管教計畫有關。）關於這點，若對自己、其他學生或教師有危險的學生不應該融合在普通班。所

諮詢合作與融合教育

有老師和學生都有權在安全的環境裡施教和受教，這是應該受到保障的。

14.融合班的其他學生是否已做好準備？

　　必須以健康、正面和養成的方式教導融合班的同儕，瞭解融合生面臨障礙的挑戰。通常，學生比成人對融合較少抗拒，特別是在生活上沒有與身心障礙者相處經驗的那些成人。兒童本性是善良的，除非他們學偏了，他們非常能相互支持合作，尤其是在老師肯定、積極和堅強的領導之下。

　　在融合班，教師發現他們必須為其他學生設定幫助特殊需求學生的範圍。同儕的協助是非常有用的。許多教師使用「好夥伴」，選擇同儕指定當融合生的學伴。

　　有時，教師非常擔心融合生會為班級帶來「不公平」的環境；通常，這發生在需要為融合生調整課程與教學時。教師常假定這樣的調整會對其他學生不公平。教師有權設定班級改變的範圍。有個別化教育方案的學生有權要求適當的調整，以支持他們盡可能在最大潛能發展的環境中學習。對特殊學生提供這樣的支持不是製造不公平。相關的比喻是如果一名學生需要柺杖，難道只有當全班學生都有一副柺杖，才提供該生一副柺杖？提供教師練習這樣的邏輯推理是個好方式，幫助他們不斷解決自己的一些想法和有時有毛病的結論。

　　常常教師只要有權有能，就能為個別學生做這些調整；但他們認為，普通教育最重要的價值，在於讓所有學生確切地在同樣時間做同樣的事。這樣的敘述不會寫在任一學區的政策手冊裡，也沒有行政主管倡導這種信念；但教師卻常這樣假定。然而，在準備教學情境時，為每一名融合生的課程、教學、管教、指定作業、評定成績等做調整是重要的。當採用這種方法，學生學會對他人關心，學會期待所有學生充分發揮他們的潛能，但潛能的發揮因人而異……這是生命的事實。

15.你們有檢視評估的計畫嗎？

　　持續和回應式評估（responsive evaluation）是建立協調合作融合學校重要的一部分。在蒐集評估資料時需要有下列三類變項：

第 3 章　融合對學校有何意義？

- 學生變項：融合班融合生和其同儕在技能、行為和態度的改變。
- 成人變項：參與支持融合生的成人在技能、行為和態度的改變。
- 系統變項：在學校本位程序、政策、教學安排、學校和班級管理、推介給特殊方案、社區支援和態度等的改變。

其他一些重要變項有：在普通教育方案內及之外受教的學生人數和類型、每年推介給特殊教育方案的學生人數和類型、由諮詢合作小組解決的問題類型、融合對其他學生的影響、融合對社區的影響、教育人員在內在態度及信念的改變、學生和家長和全校同仁在基礎知識的改變、全校同仁在協調合作技能的改變等。

總結

不要以為融合是對的或花費較少，就會產生負責任和有效的融合。來自利益團體的壓力便無法執行有效的融合。只有當大家協調合作、共同努力建立對融合的共同願景才能獲得。本章十五個問題都是一些基本的、且有助於建立協調合作融合學校教育堅固和積極的基礎。讓所有在鄰近學校就讀的孩子有權盡最大可能學習，讓所有教師有權在校內的協調合作融合方案獲得支持是必要的。參見附錄 3.A 可複製的這十五個問題的檢核表。

諮詢合作與融合教育

附錄 3.A

協調合作融合學校實施度檢核表

指導語：下列每一項目問題，分別就學校實施情形填入，是者打○，否者打×。

_____ 1.是否已經協調合作地定義「融合」了？

_____ 2.是否學區已經提出對「融合」的理念？

_____ 3.教師對「融合」的態度和信念是什麼？

_____ 4.學區是否獲得家長對「融合」的支持？

_____ 5.學校是否有融合教育方案的經費支持？

_____ 6.如何支持所有教師執行融合教育方案？

_____ 7.學校提供哪些服務方式支援融合？

_____ 8.學校同仁有充分時間協調合作嗎？

_____ 9.學校每位同仁知道自己應該做什麼嗎？

_____ 10.小組和成對教師知道如何共同努力嗎？

_____ 11.學校同仁知道自己在班級該做什麼嗎？

_____ 12.學校訂定合適有效的全校行為管教計畫嗎？

_____ 13.是否學校同仁或家長對某類身心障礙學生的融合特別抗拒？

_____ 14.融合班的其他學生是否已做好準備？

_____ 15.你們有檢視評估的計畫嗎？

第 3 章　融合對學校有何意義？

4

什麼是
融合學校協調合作小組？

What Are the Collaborative Teams in an Inclusive School?

在本章，由協調合作融合學校各小組分享其願景。學校專家集體定義協調合作融合學校對特定小組的規劃。有些小組結構在該校已設，另有些已設但需要再概念化以加強協調合作的努力，更有些是新設的尚未實施。

學校同仁應該問以下四個關鍵問題，以決定哪種小組結構最適合他們：

- 我們學校是否已有這類小組？
- 我們學校是否需要這類小組？
- 我們學校是否需要停止這類小組？
- 我們學校是否需要改善這類小組？

為實現協調合作融合學校的願景，學校同仁應該就這四個問題檢討下述組織的結構。

協 調合作融合學校的願景

學校同仁應該開創協調合作融合學校的具體願景，首先確定的是各種小組結構，以促進有效的學校教育和團隊合作做決定。在工作環境裡鼓勵協調合作，團隊以期望的專業行為達成共識（參見第五章）。

協調合作的願景應反映在全校改善計畫。重要的是，學校同仁探索使用協調合作的可能性，在全校協調合作的過程中以各種方式實現願景（Idol, 1996）。

在一所協調合作融合學校可包括六項基本結構，以建立良好基礎（參見 Idol, 1996; Idol & West, 1991）。這些結構如下所列：

- 學校本位管理小組。
- 教育專業委員會，分別對課程、教科書、測驗結果和教導方法等做決定。
- 部門和學年教導小組。
- 教師協助小組，協助學校失敗高危險學生的預防方案。
- 為結合特殊和普通教導的計畫和實施，提供支持班級教導的直接和間接諮詢服務，成立協調合作教學方案。
- 在學校和社區間擴大協調合作，由學校、社區團體、相關機構間的協調和合作組成。

以下分別詳述這些小組結構。

學校本位管理

相對於學區當局傳統的集中化管理實務；在協調合作融合學校，學校本位管理是一種另類的選擇。基於學校本位管理，學校是教育決定的基本單位。美國學校行政管理人員協會（American Association of School Administrators [AASA]）、全國小學校長協會（National Association of Elementary School Principals [NAESP]）、全國中學校長協會（National Association of

Secondary School Principals [NASSP]）認為應由實際負責實施決定者做決定（AASA et al., 1988）。

　　學校本位管理的基本理念有二。首先，就與學校切身的論題做決定。其次，如果負責者有歸屬感及對改革能主動執行，則學校教育改革較易於完成。

　　學校本位管理能使校長、教師和社區相關人士增權和增能。通常，學校本位管理小組由在學校負責主要領導教學的校長、選出的教師、家長和社區人士等組成。

　　學校本位管理小組的成員負責決定預算、人員和課程（Kubick, 1988）。例如，他們也參與開發新方案、依教學目標安排課表、分配校內資源、決定專業發展需要、選擇補充教材和就事先篩選的求職名單中選用人員等（這些項目由 AASA/NAESP/NASSP 專門小組決定）。

教育專業委員會

　　在一所協調合作融合學校，教育專業委員會執行需要協調合作做決定及改進學校的方案。這樣的任務包括：選擇補充課程、確定學校和學區間課程的配合、決定教什麼和考什麼的適當配合、學區教科書的選擇等等。委員會的任務應是該校學校改善計畫的一部分。

　　運用這些專業委員會讓學校同仁以各種方式參與和增權、增能，領導邁向未來發展方向。委員會讓更多同仁參與，而非由學校本位管理小組的教師代表參與。

　　在協調合作融合學校，這些委員會常是同仁發展與成長，及完成分配的特定任務之媒介。例如在一所小學，校長和同仁確認了四個領域的專業委員會，要求同仁自己分配一個委員會，為期一年。各領域的委員會將協調合作解決確認的這些問題：(1)如何將思考技能教學融入課程？(2)如何將電腦化教學融入課堂？(3)如何統整閱讀和寫作教學？(4)學校方案中有哪些能全面改進的？（最後一個委員會由未參加前三領域委員會的同仁組成。）

　　這些小組負責研究目標問題的範圍、尋求各種知識基礎和資源、出席同仁發展會議解決有爭議的解答，和對最後的建議達成共識。重要特點在於，由委員會提出的建議要在學校實際實施。他們不僅是提供可能的解答

而已。因此，同仁若對特定領域的決策有強力的意見，就應鼓勵他們志願參與該相關的委員會。

有個笑話說要抹殺一個好點子，最好的方式是將研究這點子的任務分給委員會。如果期待委員會完成一行動計畫，並且他們能瞭解「合作」（cooperation）和「協調合作」（collaboration）間的區分，就可避免易犯的共同錯誤。

學校許多同仁努力合作，實際上可能較少協調合作。在綜合組織的協調合作研究，Hord（1986）做了重要的區分：「合作」指雙方或多方，各方有各自且自主的方案，同意共同努力使這些方案更成功；相反，「協調合作」指多方分擔做基本決策的責任和權力。

這些協調合作委員會組成時，重要的是要確定委員會的任務。這些任務應包括提出建議的明確時程。應該期待委員會提出一特定的行動計畫以執行建議，和要求委員會完成的最後期限。行動計畫應該包括子任務的描述、負責者的確認和每一子任務具體完成的日期。

³⁴ 部門和學年教導小組

在協調合作融合學校，期待教師加入小組後，能接受及分擔所有學生的學習和發展責任。這一哲學的自然後果是，期待教師以小組方式計劃和教學。在一些學校，這種協調合作的發生目的只為計劃；在其他學校則為計劃和教導。

例如，在一所小學，校長和教師確定，學年教導小組主要是提供教師輔導難以教導或學校失敗高危險學生的支持。在貧民區學校大多數學生是高危險的（參見 Idol, 1994a）。要求所有學年教師加入該學年的教導小組，即使會有少數教師不情願。每一學年小組必須每週見面一次。經過一個月的期間，期待他們花一半時間從事教學計畫和協調，另外一半時間則處理由個別成員提給小組的以兒童為中心的問題；相關的特殊和補救教育同仁是否加入後者，依需要而定。

這類小組的其他例子見於大多數中間學校，採核心小組概念。核心小組包括四位學科教師，兩位為數學和自然，另兩位為語文和社會科。這四位教師負責所有分配到他們核心的學生，通常約一百名；相關的特殊和補

諮詢合作與融合教育

40

數教育同仁是否加入，依需要而定。

第三個例子是中學的部門小組。已在第一章敘述中學方案如何將部門小組用於：(1)加強學科課程和改進教學品質；(2)為學校失敗高危險學生做調適；(3)在班級管理和學生管教計畫支持其他成員。

回憶第一章裡所述的例子，每位部門主任負責提供關於教學調整的訓練給部門裡的同仁。鼓勵同仁參加小組探索各種教學調整。期待同仁選擇某些調整，予以實施，然後向部門主任報告進步情形。

教師協助小組

協調合作融合學校裡有效的教師協助小組是以預防為焦點的協助小組，教師請求協助解決問題時，與同事組成小組探索未解決的班級相關問題。在協調合作融合學校，小組一同努力——教師是小組的成員——解決問題，而不僅是簡單地提供一些可能的解答給需要協助的教師。

這些小組總有一些類型的支持同仁——特殊教育教師、輔導教師、學校心理學家、社工人員或語言臨床工作者等，通常要有一種以上的專業。例如，威斯康辛一所小學使用這種方法顯著減少推介給特殊教育的學生人數，保留更多有類似相關問題的學生在普通教育方案（Saver & Downes, 1990）。

許多協調合作融合學校採教師協助小組的措施，防止學校失敗高危險群學生中輟退學或被推介給特殊教育。如 Chalfant 和 Van Dusen Pysh（1989）所述：

> 教師協助小組是一個學校本位、解決問題的單位，目的在協助教師產生應對的策略。通常，小組包括選出的三位同仁為核心，代表不同年級及學科協助其他教師。請求協助的級任教師是小組的第四位平等成員。小組成員因學校和教師的特定需要而異。例如，一些小組包括校長、特殊教育人員和家長。（p. 50）

雖然 Chalfant 和 Van Dusen Pysh 將教師協助小組概念化為提供教師可能解答的媒介，我的同事和我做了重大改動。在學校我們一起工作，小組

第 4 章　什麼是融合學校協調合作小組？

共同努力解決問題，而不僅是簡單地提供一些可能的解答給需要協助的教師。

　　我們以下列方式運用協調合作解決問題的過程訓練學校本位小組：教師提問題要求小組協助，要求協助的教師加入小組，小組運用六步驟解決問題的過程，過程演變自學校諮詢文獻，不僅在辨認問題而且對所擬解決問題的行動計畫達成共識。這些步驟詳見第五章（參見 Idol, Paolucci-Whitcomb, & Nevin, 1986; West & Idol, 1990; West, Idol, & Cannon, 1989）。

協 調合作教學方案

　　協調合作教學方案可以四種不同方式支援級任教師：諮詢教師服務、班級合作教學、支持性資源方案和教師助理。每種服務由同仁提供協調合作、共同努力，是支持級任教師的重要方式。特別是，協調合作導致如何由普通教育和特殊教育提供最好的特殊支持方案的再概念化。以下簡述每種支持學生的結構。

諮詢教師服務

　　諮詢教師模式是一種間接的特殊教育服務方式，由合格的特殊教育教師擔任級任教師的諮詢教師。特殊教育學生間接接受級任教師的服務。目標學生由諮詢教師透過級任教師的直接教導而提供間接服務。原始的合作諮詢模式（Idol et al., 1986）為運用諮詢教師服務而設計。特殊教育諮詢教師的工作說明樣本見表 4.1。

表 4.1　諮詢教師的角色描述樣本

　　諮詢教師與級任教師合作，間接服務融合在普通教育方案或部分時間回歸
的特殊教育學生。特殊教育諮詢是提供就讀普通班特殊需求學生特殊教育服務
的一個過程。諮詢是：(1)間接的，特殊教育諮詢教師不提供學生教學服務；(2)
協調合作的，所有參與諮詢過程的人有其專業貢獻和分擔教學結果的責任；(3)
志願的，所有參加諮詢過程的人是志願的；和(4)問題解決導向，諮詢的目標是
預防或解決學生問題。

　　諮詢教師提供的服務類型如下：

1. 協調合作參與發展所有接受諮詢教師服務學生的個別化教育方案。
2. 檢視所有接受諮詢教師服務學生的個別化教育方案。
3. 提供級任教師諮詢服務。
4. 幫助解決與學生相關的學科、研讀技巧、行為和管教等問題。
5. 幫助解決與班級相關的課程調整、教導調整和教學安排等問題。
6. 幫助身心障礙學生成功轉銜，這些學生先前是在較多限制的特殊教育安置，
　 現在就讀融合班或回歸主流班。
7. 提供觀摩教學和示範新近開發的創新教學。
8. 與融合班或回歸主流班級任教師參與協調合作解決問題。
9. 幫助特殊教育學生的家長參與，調適家長參與發展方案。
10. 提供班級本位評量，運用課程本位評量、檔案評量和班級觀察。
11. 檢視所有接受諮詢教師服務的特殊教育學生的進步情形。

註：Adapted from Idol (1989, 1993).

　　與諮詢教師模式稍微有差異的版本是資源／諮詢教師模式（參見 Idol,
1989, 1993）。這個模式是資源教師模式和諮詢教師模式間的橋樑。資源／
諮詢教師提供特殊教育學生部分直接服務和部分間接服務。

班級合作教學

　　協調合作教學（或協同教學）指在教育統整情境（例如：普通班）普
通教育教師和特殊教育教師以協同、協調的方式聯合教導異質學生（學科
和行為）的一種教育方法（Bauwens, Hourcade, & Friend, 1989, p. 18）。這
些作者描述合作教學是合作諮詢模式（Idol et al., 1986）的直接和補充後
果。在合作教學模式，特殊教育教師和普通教育教師在同一教室共同努力
為班上所有學生提供教育方案。例如，在本書第一章敘述合作教學在小學
的使用。表 4.2 列出教學同仁認為合作教師在學校的角色和責任。教師參

表 4.2　合作教師在融合班的責任

---

1. 檢視所有經確認為特殊教育學生的個別化教育方案。
2. 每週檢查所有經確認為特殊教育學生的進步情形。
3. 每週與各年級小組在會議時或年級聚會時面談一次。
4. 預覽級任教師的教學計畫,在星期五前送回下週的。
5. 檢視有教導調整或課程調整的學生。
6. 針對特殊需求學生調整作業及測驗。
7. 與級任教師一同執行檔案評量。
8. 針對有行為問題的學生設計行為契約。
9. 在班級對單一或小組學生實施教學。
10. 依需要,訪談需檢視的學生(例如:「你有家庭作業嗎?筆記本?作業單?」等)。
11. 提供某些學生再教學的機會。
12. 支援教師對單一或小組學生施測。

註:本工作說明由美國德克薩斯州 Alvarado 郡 Alvarado 學區 Lillian 小學校長 Karen Sero 與同仁所設計。

與合作教學有幾種不同的安排。在表 4.3 的敘述為五種。附錄 4.A 是一張協同教學作業單,可幫助合作教師定義他們的優勢、挑戰和合作教學擬完成的目標。

支持性資源方案

Wiederholt 和 Chamberlain(1989)對資源教室方法的定義如下:

資源教室是學生在學校任一場所按預定的時間安排接受特定教學,大多時間在別處接受教學(通常在普通教育方案)。所以,資源教室不是身心障礙學生的部分時間特殊教育班,不是只有午餐、體操或藝術課時才在這裡與同儕統合。它們也不是諮詢方案,該方案學生全時在普通班但調整教學。它們也不是自修教室、管教或管束中心,或危機處理室。(p. 15)

諮詢合作與融合教育

表4.3 合作教學安排的類型

安排	安排的特徵
一對一支援	• 領導教師 • 支援教師 • 教師少做合作教學
分站教學	• 教師區分教學內容 • 教師分擔內容，但各自負責教導不同部分的內容
平行教學	• 兩位教師教導同一內容 • 兩位教師各自教導班上一半學生 • 教師一同規劃教學
主援教學	• 一位教師教導較大群學生，另一位教師教導較小群學生 • 在較小群，實施預備教學、強化先前教導的內容、及／或追續較大群的再教導 • 教師一同規劃教學
協同教學	• 教師一同分擔較大群教學 • 在一單元內協調活動 • 合作的教師間相互信賴與投入 • 教師一同規劃教學

註：From *Cooperative Teaching: Rebuilding the Schoolhouse for all Students,* by J. Bauwens and J. J. Hourcade, 1995, Austin, TX: PRO-ED. Copyright 1994 by PRO-ED.

　　支援性（supportive）資源方案是在普通班務實支持教導和課程的資源教室方案。在支援性方案，資源老師和級任老師協調合作，設計資源班學生的個別化教學內容。協調合作的目的，在確保資源教室方案務實支持普通教育方案，支持學生將在資源教室所學的轉銜到普通班的學習。

教師助理

　　第三類型直接服務的選擇是提供教師助理（助手）給融合班。典型地，這是學校同仁提供給級任教師援助的首選，特別是準備工作尚未就緒的融合學校。經常，助理完全以特殊教育經費資助，提供給單一的特殊教育需

第❹章 什麼是融合學校協調合作小組？

39

45

求學生。助理在上課時間整天陪在該生旁。以筆者之見,這樣使用教師助理,不是使用這種非常重要的資源的最佳方式。

　　反而,有些學校同仁試驗用跨經費雇用教師助理;因此,雇用經費得自各種來源的資助,譬如從特殊教育、補救教育、雙語教育和普通教育等資金的組合。分配給級任教師的助理,需協助任何一位需要幫助的學生,不是僅限於融合的特殊教育學生。例如,在一所學校(參見本書第一章裡小學的例子,並參考 Idol, 1997a),以這種方法使每兩位級任教師配有一位教師助理。在這學校,同仁以小組的方式明確定義和決定他們要教師助理做什麼。表 4.4 列出該校指定教師助理負責的項目。

表4.4　教師助理在融合教室的責任

1. 以小組或一對一方式與學生合作。
2. 協助學生做調整(凸顯教科書重點、口頭閱讀、口頭測試等)。
3. 協助檢視學生和班級觀察。
4. 協助重教學生特定技能。
5. 協助做檔案評量。
6. 協助登錄閱讀日誌、作業單等。
7. 傾聽個別學生大聲朗讀。
8. 在「學當作者」時間協助學生。
9. 協助個別和小組施測。
10. 在主要時間協助和督導學生。
11. 協助檢視學生進步情形。
12. 協助維持學生專注上課。
13. 協助檢視學生行為／管理計畫。
14. 對身心障礙學生提供特別的一對一協助。
15. 在大團體討論和發表時間協助教師。
16. 協助準備教學競賽。
17. 協助班級組織活動。
18. 在會議期間或在上課前、放學後,依需要協助處理事務工作。

註:本工作說明由美國德克薩斯州 Alvarado 郡 Alvarado 學區 Lillian 小學校長 Karen Sero 與同仁所設計。

學校和社區間的協調合作

　　協調合作對於願景很重要的另一方面是:學校和社區間的協調合作。

諮詢合作與融合教育

在協調合作融合學校，相關部門間為學生複雜的教育和復健需求而協調合作。這些小組的成員組成科際小組，負責發展個別化教育方案。

相關部門間協調合作也提供學校失敗高危險群學生和他們的家庭各種40支持方案。例如，一所中學可能為未成年未婚孕婦努力協調支持系統，及校內方案之協調合作；透過地區醫院提供節育計畫方案；透過同一醫院提供產前方案；或聯邦政府為低收入家庭需要冬令關懷和家庭暖氣協助的社區計畫等。另一例子是學校與家庭資源和青年服務中心間的協調合作，以提供雙薪家庭及財務困難家庭孩子的課後照顧。

社區和學校也協調合作為維生高危險群學生提供新的預防方案。例如，由一位高中輔導教師、社區衛生專業人員、地方宗教人員和兩位家長組成的小組，針對社區十一、十二年級學生設計愛滋病預防方案。

社區和學校協調合作的另一例子是，在一所中間學校，小組處理六、七年級學生性教育方案。小組由六年級輔導教師、七年級輔導教師、具家庭關係和性教育專長的心理師、中間學校學生的家長、七年級健康教育教師和學校護士組成。這個小組負責審查五個市售的性教育方案和目前採用的健康教育教科書。他們以現行教科書為主，再從不同的性教育方案精選教材補充設計教學計畫。

總結

因此，協調合作融合學校包括許多不同的成分，需要所有的成人協調合作地運作。有些協調合作是做決定和計劃，有些是問題澄清和解決問題，也有些是方案實施和評估。特別是，在協調合作融合學校特殊支持方案受合作諮詢模式影響，尤其是那些提供級任老師間接服務的。

上述這些各種小組，所有成員都協調合作地工作，包括以校內為核心的小組、特地為連結普通教育和特殊教育而設計的小組、與部門間的協調合作有關的小組，和與學校／社區間協調合作有關的小組。所有成員使用協調合作的決策過程，和參與成人發展的方案，努力於互動、溝通、解決問題和做決定等技能，這些是協調合作過程的基礎（參見本書第五章有關同仁發展過程的描述）。重點是，所有這些結構要求成人一起互動和解決

問題。所有這些結構應用協調合作決策的過程。並且，所有這些結構一致
行動地提供服務，是建立協調合作工作力量和一所協調合作融合學校的強
而有力基礎。

附錄 4.A

協同教學作業單

1. 列出每次您給協同教學安排帶來的優點。

級任教師

_____

_____

特殊教育教師

_____

_____

2. 列出每次您給協同教學安排帶來的挑戰。

級任教師

_____

_____

特殊教育教師

_____

_____

3. 在上述挑戰中，雙方都認為最難克服的，請用星號予以標出。

4. 以目標方式寫出雙方計劃如何克服這一挑戰。換句話說，在這學期／學年結束時您希望達到什麼結果？

_____

_____

5. 您將何時且如何評估是否實現了這個目標？

_____

_____

註：From *Co-Teaching Worksheet,* by L. Dieker, 1996, 發表於威斯康辛州日內瓦湖郡開創協調合作學校夏季研習班的合作教學訓練研討。Copyright 1996 by L. Dieker.

第 4 章　什麼是融合學校協調合作小組？

CHAPTER 5

學校同仁
如何成為協調合作團隊？

How Do Faculty Become Collaborative Teams?

　　本章在解釋學校同仁如何成為協調合作團隊。強調三個領域：⑴有效協調合作所需的訓練內容；⑵在各種小組結構內（已在第四章敘述）如何訓練成人成為協調合作小組成員；並且⑶輔導如何評估小組過程和小組成果。關鍵概念是為了真實有效地協調合作，級任教師和支援人員必須支持學習如何協調合作。這支持可採取各種方式，如本章所討論的。

建立一個協調合作的工作環境

為建立一個協調合作的工作環境，Roy 和 O'Brien（1989）建議學校同仁行為的幾個準則，著重同仁的共同努力、相互回饋，並強調將教學列為主要優先。第二章的附錄 2.A，是確定學校工作環境協調合作程度的工具。

開創一所協調合作學校不是僅僅設立一些新方案，像同儕教學、協調合作教學或教師協助小組。更確切地說，它必須在學校環境建立和維持一種新文化，其專業行為列在表 5.1，要成為準則而不是例外。

這張調查表（參見附錄 2.A）用於在同仁會議的初步活動，支持學校同仁檢驗他們認為小組實際上協調合作的程度如何。建議同仁每人回答這十個問題，並以小組討論比較彼此的反應。

再與全體同仁分享這些反應，大團體可以：(1)釐清團體的共識是什麼；(2)從調查表選擇某些項目，列為需要改善的目標領域或重點。再將這些項目列入全校改善計畫，含具體活動或方法及其實施和完成的時程表。

44　表 5.1　諮詢過程的基本技能

諮詢理論／模式
1.練習提供諮詢者和要求諮詢者間對等互惠的角色，以促進諮詢過程。
2.展示諮詢過程各種階段／時期的知識。
3.共同承擔辨認諮詢過程每一階段並據以調整行為的職責。
4.諮詢方法配合特定諮詢情境、背景和需要。

研究諮詢理論和實務
5.將相關的諮詢研究結果轉化成有效的學校本位諮詢實務。

個人特徵
6.在諮詢互動中展現關心、尊重、同理心、一致和開放等能力。
7.在諮詢過程的正式和非正式互動中，與所有人建立並維持和善關係。
8.針對參與諮詢過程的所有人的專業發展階段，辨認和表現適當的反應。
9.在諮詢過程中始終保持正面自我概念和熱心態度。
10.在諮詢過程中始終展現向他人學習的意願。

（接下頁）

表5.1　諮詢過程的基本技能（續）

*11.*在諮詢情境中以處理個人壓力、在危機時保持鎮定、敢於冒險、保持彈性和韌性來促進進步。

*12.*尊重不同的觀點，認知持有不同觀點和依信念行動的權利。

互動溝通

*13.*以口頭和書面方式清楚和有效地溝通。

*14.*運用主動、持續傾聽和反應的技能促進諮詢過程（例如：承認、釋義、反思、澄清、詳述、總結）。

*15.*確定自己和他人願意進入諮詢關係。

*16.*針對個人在諮詢過程的學習階段調整諮詢方法。

*17.*在溝通中展現掌握和確認外顯／內隱意義和情意的能力（洞察力）。

*18.*在適當脈絡中詮釋自己和他人的非語言溝通（例如：目光接觸、肢體語言、個人空間範圍）。

*19.*有效地訪談引出資訊、分享資訊、探究問題、設定目標和目的。

*20.*一旦開始諮詢就要適當地堅持繼續議題。

*21.*給予並請求連續的回饋，回饋要是特定的、直接的和客觀的。

*22.*對他人的主意和成就給予稱讚。

*23.*在整個諮詢過程中熟練地處理衝突和對峙，以維護協調合作的關係。

*24.*在諮詢過程的每一階段管理諮詢活動時間，以促進相互做決定。

*25.*在協調合作小組情境，彼此應用相互積極增強的原則。

*26.*願意並慎重說：「我不知道……讓我們一起找。」

協調合作解決問題

*27.*認知到在整個問題決解過程中，成功和持久的解決需要目標的共同特徵和協調合作。

*28.*發展各種蒐集資料的技術，以辨認及澄清問題。

*29.*以具主動傾聽、非判斷反應和適當的再構造等特徵的腦力激盪技術，產生可行的變通。

*30.*評估各種的變通，以預期可能的後果、縮小和結合各種選擇、排列先後順序。

*31.*針對與眾人有關的問題，統整解答成一有彈性、可行和容易實施的行動計畫。

*32.*採取「試驗解決問題」的態度，認知到行動計畫的調整是可預期的。

*33.*在實施過程中對改變的支持、示範和／或協助始終可行。

*34.*使用資料本位評估再設計、維持或中斷介入措施。

*35.*在整個解決問題過程中，運用觀察、回饋和晤談技能增加客觀和相互關係。

體制改革

*36.*發展角色成一改革者（例如：實施策略以獲得支持、克服抗拒）。

*37.*確認改革的好處和副作用。

（接下頁）

第 **5** 章　學校同仁如何成為協調合作團隊？

表5.1　諮詢過程的基本技能（續）

平等問題和價值／信念系統
38.由對身體外表、種族、性別、障礙與否、族群、宗教、社經地位或能力等個別差異的尊重，促進平等的學習機會。
39.提倡為所有學生（不論有或沒有特殊教育問題）服務，因其教育、社會、職業的需要而調整。
40.鼓勵實施為提供所有身心障礙學生適當教育而定的法律。
41.在為身心障礙學生做決定時，遵守最少限制環境的原則。
42.修正沒有事實根據的觀點、信念和態度，這些會妨礙身心障礙學生成功統整於最少限制的社會和教育環境。
43.在諮詢過程中適當地確認、尊重和反應個人價值及自己和他人信念的影響。

諮詢效率評估
44.確保參與計畫和實施諮詢過程的人也參與評估。
45.建立受諮詢過程影響的輸入、過程和結果的評估標準。
46.參與自我評估優缺點，以修改影響諮詢過程的個人行為。
47.運用連續評估回饋，以維護、校正或終止諮詢活動。

註：From *Collaboration in the Schools: Interacting, Communicating, and Problem Solving*, by J. F. West, L. Idol, and G. Cannon, 1989, Austin, TX: PRO-ED. Copyright 1988 by PRO-ED.

準 備小組協調合作

　　教育工作者犯的最大錯誤之一，是認為學校同仁能輕易地決定更協調合作，而試圖建立一較協調合作的學校。人們需要特定的訓練經驗，以準備協調合作，包括特定小組實務練習、適當的人際和互動溝通技能，及小組做決定的技能（包括協商和建立共識的藝術、解決問題的特定方法）。

互動和溝通處理技能

　　協調合作者需要準備以有能力使用許多溝通和互動處理技能，這是小組解決問題過程的重要成分。準備小組協調合作的第一階段，是評估小組成員在小組處理技能的專精程度。

諮詢合作與融合教育

West 和 Cannon（1988）指出和證實級任教師和特教教師需要的四十七項不同的合作諮詢基本能力，以共同努力為特殊需求學生發展協調合作教育方案。這些技能列在表 5.1。

這四十七項技能發展成教師、支持人員、行政人員等同仁發展方案，提供每一技能準備和練習的機會（參見 West, Idol, & Cannon, 1989）。每項技能都有一引導式訓練模組。這個方案也在學校協調合作中用於職前教育。

其中有七項技能著重在協調合作過程有效諮詢的個人特徵，十四項是基本互動溝通技能，和十一項是具體處理協調合作解決問題。為達成最佳效益，建議方案的使用要與本書呼應。

小組做決定

合作諮詢模式（參見本書第二章）小組實際參與互動，小組結構是平等的，每一階段在進入下一階段之前要達成共識。小組成員參與這個六階段過程，解決與學生學習和行為、學生管理、課程、教導、學生支持等有關的問題。在學校諮詢科際文獻裡，大多數接受了這些階段，Idol、Nevin 和 Paolucci-Whitcomb（1994）敘述如下：

◆ 階段一：目標／加入

在這個階段，所有小組成員的角色、目的、責任和期望都是經過協商的。可以藉由正式或非正式契約來反映小組成員的共識。（請注意：這目標不是針對學生設定的，而是為小組本身訂的；學生的目標將在介入建議階段提出。）而且，在第一階段，小組成員設定了其他兩類目標：小組處理目標和個人內在目標。這些將在本章後段詳細討論。

◆ 階段二：問題釐清

在這個階段，清楚定義所欲釐清的問題之本質和參數，使所有小組成員對問題有相互理解。一旦問題辨認清楚了，小組設定一個目標以反映問題行為改正後的表現。

第 5 章 學校同仁如何成為協調合作團隊？

◆ 階段三：介入建議

在這個階段，產生可能的各種介入及預測每種結果。排列建議的先後次序，最後選擇推薦實施。敘寫可測量的目標，以：(1)將問題每一方面的介入細節具體化；(2)辨認標準以確定問題是否解決了；(3)描述所包含的活動和過程，並辨認實施介入策略所需的資源。

◆ 階段四：執行及建議

在這個階段，執行已建立的目標和過程。在這裡，具體列述實施所選介入策略的每一階段，含完成的時程和負責人。在前一階段決定，實際實施的責任全由級任教師或與小組成員一同負責。但是，整個小組需對介入計畫的成敗負相互和最後的責任。

◆ 階段五：評估

在這個階段，評估設計解決問題的介入策略是否成功。方案的評估包括測量：(1)學生的進步情形；(2)成人小組成員的知識、技能、態度和行為的改變；和(3)學校體制或整體方案的變化。

◆ 階段六：再設計

在這個階段，根據小組評估結果決定介入策略繼續、再設計或予以中斷。

下列是摘自《學校協調合作》（*Collaboration in the School*）一書中，同仁發展課程的特定模組所呈現的協調合作的基本技能（West et al., 1989）：

- 展示諮詢過程各種階段／時期的知識（模組二）。
- 展示諮詢四個基本模式的內隱知識（tacit knowledge）（模組二）和對協調合作模式的熟練。
- 運用主動、持續傾聽和反應的技能促進諮詢過程（例如：承認、釋義、反思、澄清、詳述、總結）（模組十四）。
- 有效地訪談引出資訊、分享資訊、探索問題、設定目標和目的（模

諮詢合作與融合教育

組十九）。

- 開發系統辨認問題的技能（參見模組二十八；Idol et al., 1994 的第五章）。
- 以具主動傾聽、非判斷反應和適當的再構造等特徵的腦力激盪技術，產生可行的變通（模組二十九）。
- 評估各種的變通，以預期可能的後果、縮小和結合各種選擇、排列先後順序（模組三十）。
- 針對與眾人有關的問題，統整解答成一有彈性、可行和容易實施的行動計畫（模組三十一）。

合作諮詢的一般原則

當協調合作小組使用這一解決問題的過程時，預期所有小組成員會遵守和實踐合作諮詢的一般原則。這些原則列在本書第二章表 2.2。運用這些原則的小組成員會發現，他們面對其他成員態度和小組成果整體品質的改善。*49*

到目前為止所描述發展同仁協調合作的內容，包括決定當前工作環境的協調合作程度如何、建立改善學校更協調合作的領域、訓練小組互動和溝通處理技能、六個階段的協調合作解決問題，以及瞭解和應用合作諮詢的一般原則。以下是用來訓練小組在這些領域的基本方式。

協 調合作小組的訓練

方案參與者的選擇

訓練成果著重於科際小組有學校管理、普通教育、學校心理學、特殊教育、輔導和諮商、說話和語言服務，和其他相關服務的專業人員。若適當，專業助理、家長和較年長學生也應參加解決問題小組。我們最成功的努力之一，在於訓練學校本位領導小組幫助學校改變。學校這些小組的目

的在發展以個人為核心，準備做小組決定、建立協調合作小組，以及有效溝通和小組互動技能等。然後這個小組轉而當種子小組，提供全校同仁訓練的經驗。

小組的第一位成員是學校校長，是志願參加的。校長選擇或同仁提名關鍵同仁作為領導小組成員。剛開始時，選擇一些級任教師為核心。這些教師應該是在學校同仁中有影響力的。這些教師在校內不一定是最有效的教導者，但他們常是其他教師改變的引導者。然後，選擇支持人員，譬如資源和特殊方案教師，負責提供高危險群、補救教學或特殊教育學生輔助教學。最後，選擇其他關鍵支持人員，以提高領導小組的發展。這些人通常包括一位或多位下列專家，依小組的需要而定：學校心理學者、諮商輔導員、說話／語言治療師和社會工作者等。

除最初的領導小組外，這類的協調合作訓練能提供全校同仁任一類協調合作小組協助。這類協調合作小組在本書第四章裡有說明。一個經濟的和可行的策略是運用領導小組訓練其他成人，以服務各種結構的小組。

同仁訓練方案事項的組織

如先前所述，所有參加訓練的成人完成需求評估，以確定個人特徵、互動溝通、改變事項、平等議題和評估需要改善的價值／信念系統等其他技能。根據需求評估資料，同仁訓練方案設計者編製一試探性事項包含領域的訓練模組，這些領域是多數同仁認為高優先的。另外，諮詢員和那些同仁負責對同仁訓練效果審查未被列為高優先但是發展有效作用小組的基本成分。如果有任何這種項目，那麼這些技能領域要加入訓練方案。

小組過程訓練

小組由四至五人組成。通常，許多小組同時訓練。一個選擇是辨認將用在你們學校的小組結構（參見本書第四章），然後同時訓練各小組成員。第二個選擇是訓練領導小組，日後他們將在你的學校訓練各種小組結構的成員。如果採用這個選擇，一定數量的領導小組的訓練費用可與其他學校或學區共同分擔。

諮詢合作與融合教育

小組成員輪流擔任不同角色　一旦要接受訓練的小組成立，然後整個訓練序列用於各小組。各小組分配個別小組成員角色，包括：計時員、記錄員和小組發言人。這些角色由所有小組成員輪流擔任，以便每次分配一項小組新任務，不同的成員輪流擔任不同角色。

　　這是重要的，計時員忠實定時提醒小組還剩多少時間要完成任務。記錄員充分參加小組決策過程，並將小組決定記錄在協調合作問題解決作業單（參見附錄 5.A）。小組發言人仔細報告小組的共同決定或主張，是向其他人報告小組的工作和決定，不是報告個人的觀點。

協調合作諮詢的一般原則　給予小組成員合作諮詢的一般原則（參見第二章表 2.1）。各種原則的討論，可參考合作諮詢教科書（Idol, Nevin, & Pa-olucci-Whitcomb, 1994），對各項原則有進一步的詮釋。

個人內在態度和信念　在合作諮詢模式，對於融合的個人內在態度和信念以及相關的協調合作努力是缺一不可的。就合作諮詢的原則，小組成員各自探索自己內在的態度和信念，並發現那些會妨礙努力建立一所更加協調合作融合學校的事情（參見第二章表 2.3）。

小組的目標

個人內在目標　在解決問題過程的開始——階段一：目標／加入，每一小組成員選擇合作諮詢的某些原則、個人內在態度、信念或個人表達能力（參見表 5.1 和第九章），與小組努力運作。在這個階段，每一成員設定一個或更多個個人內在目標，以改進上述任何原則、個人內在信念和態度或溝通處理技能。

小組處理目標　在第一階段，小組也辨認一個或更多小組處理技能，以改進小組。例如，在表 5.1 個人特徵、互動溝通或協調合作解決問題等類別，所列任一溝通或團體互動技能。

小組成果目標　在第一階段，小組也設定一個或更多小組成果目標。這些目標著重體制改革，小組預測受影響的領域，是小組解決目標問題的結果。

這些例子可見於表 5.1 體制改革類別。

　　有些其他類型的體制變項例子受協調合作小組影響，包括：減少推介學生給特殊教育、增加學校失敗高危險群學生的人數、使班級積極改變、選擇改善或調整課程、改變教師的教導或合作方式、修改全校管教計畫等。所有這些例子反映，小組的工作是如何導致小組成員更加寬廣和類化應用彼此合作、相互教導的。這真是協調合作團隊的最終目標。

小組問題解決的過程

　　訓練的基礎在學會使用本章前述解決問題過程的六階段。依據《學校協調合作》一書同仁訓練方案（特別是模組二十九、三十及三十一），協調合作者學習執行這個過程。

　　重視小組成員間建立互惠和平等。互惠（reciprocity）指所有小組成員「平等獲取資訊，有機會參加問題澄清、討論、做決定和所有最後的成果」（West et al., 1989, p. 4）。平等（parity）指所有小組成員在協調合作小組是平等的，不論性別、種族、教育、經驗、年齡、職業等。平等原則應用於即使小組成員包括學生、父母和助理人員等。

達成共識　教導小組成員經由解決問題過程的六個階段建立共識。他們運用六個簡單規則達成共識（參見表 5.2）。達成共識定義為達成一致性，是小組每一成員道德和專業遵守的依據。達成共識不意味小組成員個人須確切完成每一項的要求，而是所有小組成員能支持誠實正直解決問題。

完成小組決策過程　在訓練期間，每一小組透過解決問題過程的六個階段處理當前面對的實際問題。可以《學校協調合作》教師手冊（參見 West et al., 1989）教導這六個階段的每一階段。也可利用示範錄影帶（Idol & West, 1989），說明這個六階段過程。錄影帶顯示兩人組成的小組——一位級任教師和一位資源／諮詢教師，共同為一名前特殊教育學生在五年級普通班的融合而努力。

52

表 5.2　小組共識規則

---

1. 避免為個人的意見爭辯。
2. 根據邏輯執行任務。
3. 避免只為了達成協議和避免衝突而改變主意。
4. 只支持那些至少你不反對的解決方式。
5. 避免採用「衝突減少」術，譬如：多數決投票、平均分配或交換達成決定。
6. 把不同看法看作是有助益的，而不是妨礙做決定。

擴展訓練方案　另外，尚包括其他訓練經驗，依需求評估確定小組優先訓練的領域。典型地，這些包括各種溝通能力的訓練（參見第九章）、澄清融合是什麼（參見第三章）、以積極方式處理衝突和對立的技能（參見第十章）。一個建議的同仁訓練方案的內容在第十章裡詳述。

　　首先，重要的是建立協調合作小組，在協調合作過程中訓練他們。其次，重要的是要根據評估的回饋，確定小組運作得很好。第三，更深入探索技術，經由同仁訓練機會探索在普通班融合更具挑戰的學生。如果小組運作得不是很好、實施的融合方案不紮實，宜提出特定的建議次序，即使小組成員個人擁有該如何執行的豐富知識。而且，筆者發現小組有許多教材和經驗，可用於相互教導如何在班級實施融合方案。許多教師擁有豐富多元的知識。透過小組結構開創一個可實行的機制，藉此這些小組成員能相互教導。

　　如果小組確定他們想要更多關於如何開創和實施融合方案的同仁訓練，有廣泛的題目可探索。有些基本的題目可在 Idol 和 West（1993）的有效教導難教的學生的同仁訓練方案裡發現（參見本書第六、七、八章及 Idol et al., 1994 的第六、七章，與 Bauwens & Hourcade, 1995; Lovitt, 1991; Meltzer et al., 1996; and Thousand, Villa, & Nevin, 1994）。

評 估小組過程

　　小組需要時間定期評估小組過程。建議的評估方式有三種：非正式的，在小組會議時評估團體；個人的，由小組成員個別評估；正式的，小組每

四到六週評估團體一次。

非正式的小組評估

當小組共同努力時，他們偶爾停下且評估小組過程的進步情形。表5.3
包含十個問題，供小組檢查他們的決定是否真正地達成共識。有效評估小
組進步情形的方式是：要一個人讀這些問題，要所有小組成員相互注視，
使用非口語技能反應。這一方式也提供小組實際閱讀非口語訊息的機會，
是建立共識過程整體的一部分。往往，人們以非口語暗示（例如：面部表
情、眼睛、嘴、身體姿勢等）所傳送的訊息，強於用口語所傳送的訊息。
在這個非語言的過程後，進行小組討論。

個別小組成員的評估

個別的小組成員偶爾檢查自己在協調合作團隊的進步情形。有兩種建
議方式，一是反思合作諮詢的原則（參見表2.1），自問是否實踐了那些原
則。另一是再檢查個人在階段一解決問題的過程所設定個人內在目標的進
步情形。

表5.3　小組共識的評估

1. 小組真的有共識嗎？或是掩飾了衝突？
2. 小組持續偏向心智或任務方面嗎？
3. 我們是否有停下來檢查我們的過程，看如何能更加有效地工作？
4. 你對小組服務方式的滿意度如何？
5. 小組的效率如何？
6. 你身為小組成員對小組的滿意情形？
7. 你覺得你個人對小組做決定的影響有多少？
8. 小組是否傾聽你的意見？或忽略你？
9. 你繼續參與小組團隊或放棄了？
10. 你用什麼方式改變或改進你與他人的互動？

正式的小組評估

大約每四到六週，整個小組停下且正式評估他們的進步情形。附錄 5. B 包含二十個問題，供小組做小組檢查用。這一評鑑表的成果是在先前設定的目標已掌握後，作為設定小組新的過程目標的依據。

總 結

本章在檢查有效的協調合作小組的運作過程。小組提出對適當準備的經驗內容做詳細的總結。這內容用於序列的訓練活動和實務的建議，在幾個國家許多教育工作者用來建立更協調合作的學校。最後，已探索出幾個簡單的方法評估協調合作小組的進步情形。

第 5 章 學校同仁如何成為協調合作團隊？

附錄 5.A

協調合作問題解決作業單

日期 _____

小組成員 _____

_____

步驟一：找出問題

問題是什麼？

_____

_____

步驟二：釐清問題

產生假設：

這問題的可能原因是什麼？

1. _____
2. _____
3. _____
4. _____
5. _____
6. _____
7. _____
8. _____

資訊蒐集：

把假設轉成問題，可問：「我們需要什麼？」或「這能怎麼的不同？」或「誰這麼做？」或「它有助於做此決定？」或「該如何做才能找出這問題是否有效？」或「它是否相關？」

1. _____
2. _____
3. _____

分析／綜合：

對已澄清的問題你理解多少？

_____

_____

_____

_____

這問題的最可能原因是什麼？

_____

_____

_____

_____

步驟三：擬訂計畫

你要如何解決這問題？找出一些可能的解答，然後從中選出可能最佳的一種解答先嘗試。

可能的解答	贊成	反對	優先順序
1._____	_____	_____	_____
2._____	_____	_____	_____
3._____	_____	_____	_____
4._____	_____	_____	_____
5._____	_____	_____	_____
6._____	_____	_____	_____
7._____	_____	_____	_____

擬先嘗試的最佳解答

_____

_____

_____

第 5 章 學校同仁如何成為協調合作團隊？

步驟四：計畫的實施

這計畫必須執行的是什麼？安排一執行的時程。發展你的行動計畫，執行先嘗試的最佳解答。

行動計畫：

實施步驟	執行人	執行時間
_____	_____	_____
_____	_____	_____
_____	_____	_____

如何監督此計畫？

_____

_____

步驟五：評估／追蹤

如何評估進步情形？

_____

_____

計畫已實施了嗎？有效嗎？如果有效，很好！如果無效，在循環解決問題的過程使用這新資訊。

_____

_____

_____

下次會議的日期和時間

_____

評論

_____

_____

註：Adapted from Idol (1997) and West, Idol, & Cannon (1989).

諮詢合作與融合教育

附錄 5.B

評估小組過程作業單

指導語：使用下列量尺，以確定你們小組在共同努力的進步情形。

1＝我們精熟了這一項且常練習
2＝我們正從事這一項，但使用上仍然不一致
3＝我們知道我們需要這一項，但未使用
4＝我們不認為我們需要這一項

_____ 1. 小組在大家方便的時間定期開會。

_____ 2. 支援教學的協助，使小組成員能開會。

_____ 3. 我們善用時間，使會議有效進行。

_____ 4. 我們在預定的時間內完成議程項目。

_____ 5. 我們喜歡一起合作工作。

_____ 6. 我們使用一張解決問題作業單促進小組過程。

_____ 7. 我們的小組將我們的計畫視為所有對於成功具有責任感的小組成員之協調合作。

_____ 8. 我們認為意見有差異是我們小組的優點之一。

_____ 9. 我們使用適當的傾聽和反應的技能。

_____ 10. 我們彼此相互尊重。

_____ 11. 我們是平等的小組，實踐平等和互惠。

_____ 12. 我們熟練於澄清問題和陳述問題。

_____ 13. 根據我們最近的經驗，我們的目標是可達成的。

_____ 14. 我們有效率地辨識各種問題解答中何者較佳。

_____ 15. 我們公開和適當地處理衝突和對抗。

_____ 16. 我們使用簡單有效的方法評估解決問題的進步情形。

_____ 17. 我們使用簡單有效的方法評估我們的小組過程。

_____ 18. 如果計畫結果不好，我們回頭一起再開會設計解決進一步的問題。

_____ 19. 藉著解決問題的作業單，我們保留我們計畫的紀錄。

_____ 20. 我們慶祝我們的成就。

© 2002 by PRO-ED, Inc.

第 5 章 學校同仁如何成為協調合作團隊？

6

如何融合
嚴重干擾行為的學生？

Disruptive Students Are the Worst! How Can They Be Included?

　　教師對最容易或最難融合入教育方案的各類型挑戰的學生經常有強烈的意見。有時，他們說學障或閱讀欠佳學生對融合是最富挑戰性的，因為他比社交原因的學生在教學上更難做調適。有時他們說多重挑戰和智力偏低學生是最難融合的。通常，隨著他們融合各種不同類型學生的經驗增加，他們的看法也隨時改變。然而，幾乎每次詢問經驗較豐富的教師時，特別是級任教師，他們同意有干擾行為的學生真的最難融合。

所有學生平等期待

　　有干擾行為的學生不僅無法學習，也妨礙他人學習，並浪費老師大量時間去處理。在與級任教師合作時，筆者發現了融合干擾行為學生的兩部分的策略。首先，不應該讓會危及自己、老師或其他學生的學生待在普通班教室。

　　其次，應該要求特殊教育學生與學校其他學生遵守一樣的行為標準。對被鑑定是行為異常或情緒障礙的特殊教育學生不應該有所例外。對所有學生可接受的和有教養的行為，應持以同樣的規則和期待。對特殊教育學生，在其個別化教育方案裡應包含經調適的行為管理計畫。但是，仍然期待學生保有可接受的行為，不應該有所例外。在筆者的學校諮詢經驗中，發現一旦建立這兩部分的策略，級任教師顯得較能接受融合，也較願意討論融合生的事和如何努力完成。

入的強度層次

　　當小組參與做決定，他們發現使用有效的學生管理介入強度層次是有助益的（參見表 6.1）。這是協助教育工作者的小組做決定的工具，用來為挑戰行為和情緒問題學生確定最大強化的教育環境。這個架構由 Idol 和 West（1993, p. 90）開發，源自於他們較早期的工作：為有閱讀困難學生開發類似的決策架構（Idol, Lloyd, & West, 1988）；為特殊學習需求或學校失敗高危險群學生調適課程和教學（West, Idol, & Cannon, 1989）；及調適課程（Idol & West, 1993, p. 91）。

　　強度層次提供小組一個架構以尋找最適當的方式，幫助學生為自己的行為負責。在表 6.1 敘述這個模式的八個層次。重要的是架構裡這些問題，提出介入應有的密集度（參見 Fagen [1986] 較早期的著作）。

　　一般而言，教育專業人員首先詢問學生接受特別服務時應在何處接受教育。特定方案的設計要配合方案的地點，可以是在普通班、資源方案、

諮詢合作與融合教育

表 6.1 有效的學生管理介入強度層次

層次一	該生在普通班哪些行為被判定有和一般學生相同的表現標準？
層次二	該生哪些適當行為能在普通班維持，但要調整表現的可接受性或明確陳述期望的班級行為？
層次三	由班級管理計畫所建構的班級條件，該生哪些適當行為能在普通班維持？
層次四	只要班級管理計畫稍做調整，就可期待該生在普通班有哪些適當行為，譬如：故意不理會該生不當的行為、教師提示辨別刺激，或教師示範期待的班級行為？
層次五	經重建該生不當行為發生的班級環境或與該生討論，期待該生哪些適當行為能在普通班發生？
層次六	經找出不能共存的適當行為、提供好行為正增強，及／或發生不當行為給予警告等，可消除該生哪些不當行為？
層次七	該生哪些不當行為需要明確的增強後效、規定的允許、行為契約或使用代幣？
層次八	該生哪些不當行為嚴重到需立即的危機介入？

註：From *Effective Instruction for Difficult-To-Teach Students,* by L. Idol and J. F. West, 1993, Austin, TX: PRO-ED. Copyright 1993 by PRO-ED. Reprinted with permision. (The information in this table was originally adapted from Fagan [1986], Glasser [1977], and Idol, West, and Lloyd [1988].)

特殊教育班、特殊或變通學校、治療診所或醫院等。

相反地，小組使用介入強度層次的架構，首先問「如何」和「什麼」的問題。該生如何做最佳處理？什麼類型的介入是最適當的？詢問這些問題以發現該生的最大強化的教育環境。回答「何處」的問題，唯有檢討各類型可用的服務和方案，來回答協調合作小組的最佳能力。運用這一架構，鼓勵小組選擇最少密集的介入和尋找可能的最正常學習環境。

發展這一架構時，必須使用相當數量的行為術語，描述各種類型的介入。因此，這架構有兩套術語的定義：一是減少不當行為的技術，一是增加適當行為的技術。這些定義見於本章（參見本章第 73 頁「融合有困擾或令人困擾學生的各種技術」一節）。

第 6 章 如何融合嚴重干擾行為的學生？

在一所小學的應用

一所小學（參見 Idol, 1994a）的全校同仁微調這架構，澄清何時使用這架構介入有困擾或令人困擾的學生。根據介入強度的層次，調整如下：

- 層次一、二、三：問題由級任教師處理。
- 層次四、五、六：問題由級任教師推介給該年級小組處理。
- 層次七：問題由年級小組或推介給學校本位支持同仁處理，譬如：諮詢教師、特殊教育教師、輔導教師等。
- 層次八：問題推介給行政人員處理。

調整的架構證明了在這所學校有用，多數人認為這是一所高風險學校；這是一所典型的美國貧民區學校。這所學校學生人數較多，九百餘名學生分為兩部分：磁力學校（magnet school）部分約三百名學生，由多種族但以歐洲裔美國人為主組成；以及鄰里部分約六百名學生。鄰里部分的學生是 90%非裔美國人、8%西班牙裔美國人和 2%歐洲裔美國人。（事實上，該校在鄰里部分的教師和學生是被隔離所造成的問題。）

全校所有同仁由三個種族代表，其分布相當公平。校長是非裔美國人，在這所學校擔任校長多年。在這學區，她是最受尊敬的校長之一，在這學校也深受尊敬。在鄰里部分 60%以上的學生合於《聯邦初等與中等教育法》第一章經費補助和90%以上的學生合於免費用餐方案（早餐和午餐）。50%以上的兒童其一位或一位以上家長被監禁。這確實是一所有熱忱教學的同仁和品質領導的高風險學校。鄰里部分使用了介入強度的層次架構。

如何知道何時融合

當協調合作小組決定一名有行為或情緒問題的學生是否融合在普通班時，有些實務應該遵守。首先，如前述，以同樣的可接受和有教養的行為標準期待所有學生。其次，小組使用介入強度的層次確定融合安置該生是否適當；如果是，介入的密集度和特殊教育同仁支持的層次應如何。

然後，當融合這樣的學生時，小組應保證五個條件。Nicholas J. Long

諮詢合作與融合教育

是有名的行為或情緒問題學生的教育權威，提出下列五個條件（Long, 1994, pp. 22-23）：

- 學校同仁必須面談和同意參加融合的工作。
- 不應該由行政人員分派情障學生給級任教師。行政人員與級任教師應該有互動過程，找出教師和學生間的最佳配合。接受的級任教師必須願意擔任這名學生的保護者。
- 支持同仁，包含校長，必須同意參加進階的危機介入訓練，期能在衝突時有技能支持級任教師和學生。
- 級任教師們必須開放接受新學生，或至少不是找替罪羊或拒絕他們。
- 情障學生的學科能力必須不能低於兩個年級、能跟上每日的學科作業進度、使用支持同仁，和對安置做個人的投入。

最後增加的一個條件是，學生的父母或監護人應是協調合作小組的成員，參加發展該生的個別化教育方案，充分支持融合班的安置條件。一旦這些實務和條件付諸實行，協調合作小組要確定支持該生的方式和級任教師是最適當的。下一節敘述融合有困擾或令人困擾學生的各種技術。

融 合有困擾或令人困擾學生的各種技術

建議介入有困擾或令人困擾學生的技術分為兩類：一是增多適當行為的技術，一是減少不當行為的技術。每一技術均嵌入有效的學生管理介入強度層次（參見表 6.1）。每一定義附有兩個應用的融合班例子，一是小學，一是中學。

增多適當行為

陳述期待　清楚建立班級行為期待，最好有學生投入和同意。

　　小學例子：在馬克的五年級班，他的教師簡單陳述五項行為期望：傾聽他人說話、對人要尊重、準備好學習工具、願意幫助他人和說話有禮貌。這些規則張貼在班級牆壁上。馬克和他的老師每週面談兩次，每次三至五

63

分鐘，討論這些規則的例子和馬克的進步情形。他每次專注在一項規則的改進情形。當先前的目標規則達成了，他就和老師增加一項新規則。

　　中學例子：在十年級的英語課，要求學生每三天繳一篇書面總結，總結他們所讀的。這總結由兩位同儕閱讀和評論，然後轉交給老師。兩篇正確和兩篇不正確的總結範例（由教師寫）明顯張貼在佈告欄，而且在學期初教師已在班上提出討論。要求寫得較差的學生照佈告欄的範例再檢討，比較他們自己寫的和範例的異同。

示範　用言詞和行動一致地展示期待他人表現的行為。

　　小學例子：教師對個案學生解釋，當他感到要生氣時可來向她說：「格林老師，我需要和妳談話，我感到生氣（憤怒、挫敗等）。」他接著說：「現在我真的需要和妳談話。」或「等妳停止工作，我需要馬上和妳談話。」當格林老師想與他討論他的消極或正面的班級行為，她就以同樣技術示範如何緊急但有禮貌的要求。她小心變化事例：她需要與他立刻談話時、她能等待直到有適當時間。

　　中學例子：在中學自然科學課，老師稱自己為約翰遜老師，稱呼學生則在他們的姓氏後面加上先生或小姐。他解釋這是顯示相互尊重的方式和對學習環境的尊重。他對學生解釋，在自然科學課期待他們對老師對同學相互尊稱，沒有例外。

安排情境　安排班級情境引發適當行為。

　　小學例子：康妮老師是四年級教師，在社會科的閱讀採合作學習。學生輪流對小組閱讀短篇文章，並詢問與課文相關的問題。安迪分配到兩位男孩和一位女孩的小組。這三位都是好學生，有可接受的班級行為和領導技能。小組若做完單元和好行為表現，可獲得積分。安迪也因好行為表現獲得個人積分。

　　中學例子：在魯斯老師的美國歷史課，期待學生以四名或五名學生的小組討論讀書和影片。互惠教學（參見 Palincsar & Brown, 1984）由學生輪流擔任老師引導討論。另一學生輪流記錄討論的重點，交給老師做小組成績。所有學生輪流擔任小組引導者及小組記錄。小組就學科能力異質分組。

積極增強　提出刺激當作反應的後果，導致該反應的增多或維持。

小學例子：賈斯丁學習輪流。在幼稚園，他非常難做到輪流，但這是根本的適當行為。每次在他等待輪流的時候，他的教師都會稱讚他的行為。

　　中學例子：胡安娜是一名八年級閱讀和學習困難的學生，閱讀能力落後三個年級。教導她自我測量自己的朗讀和默讀速度（參見 Idol, 1997b）。她在筆記本裡記錄她自己的速度座標圖。她每天測量並設定新基準，顯示速度的逐漸增加。她發現圖示和責任就是獎勵，努力使閱讀速度更快。

調整許可　指認學生不當行為的衝動或動機，然後找出班級可接受的、表現這驅力的變通方式。

　　小學例子：丹尼是六年級學生，三年前就在特殊教育班就讀。這是他在融合班的第一年。他在這班一週之後，他的特殊教育老師參觀該班看他的表現如何。當丹尼看見她在門口就跳離他的位子，從整列桌面橫跨走過。級任老師要求特殊教育老師先離開，並且說她會處理。下課時，特殊教育老師和丹尼散步談天；丹尼表示他真想念他的特殊教育老師，並且想回去特殊教育班。他們討論了改變是多麼困難，但改變是成長所必需的，丹尼的成熟和學業都在成長，大家都希望他在新班能表現良好。兩位老師和丹尼同意，午餐時間當特殊教育老師在時，他能去特殊教育班談天，報告他的進步情形，與他的特殊教育老師私下相處一些時間。他留在這班融合成功了。

　　中學例子：蒂娜羞辱老師和對老師粗魯。她的行為像是不在乎。當老師在說話時，她憎惡地轉動眼珠、整理她的化妝和頭髮、乖戾地嘟囔批評其他學生。蒂娜和老師去一家講究安靜的餐廳吃午餐，以便他們能交談。用她自己的方式，蒂娜充分揭露了她的生活方式，老師推測她粗暴、無禮和蠻不在乎的舉止，是她學會生存和保護自己的方式。老師給蒂娜一個學分的時數，讓她協助方案裡兩位重度障礙女孩，教她們怎麼化妝和整理頭髮，和如何尊重地回應老師。這鼓勵了蒂娜成為生存者，也教其他人怎麼生存。

行為契約　與一或多位學生訂定一個書面及／或口頭協議，提供一特定服務、獎勵或結果，以回報特定行為或表現。

　　小學例子：愛蜜莉是一位與其他學生相處有困難的三年級學生。她與其他女孩打架，相當苛刻和嚴厲地對她們說話。愛蜜莉和她的老師約定，

65

只要每天她沒有打架，並且每週至少與一位不同的人愉快地遊戲或學習，她就能到辦公室幫忙影印。只要她能完成這些工作就可以去做她要求的事，因此引起她的動機。契約是在愛蜜莉與她的級任教師、校長和校長助理之間的口頭約定。

中學例子：安迪是十年級學生，喜歡在家裡做課外閱讀，因此建議他的母親當他的家教。在這時，他參加中學閱讀支持課，該課要求學生修習基本閱讀課。除非學生展示了精熟這課，否則需要重修。每學期均承認這門課的學分。方案由資源／諮詢教師——迪維斯老師提供。他打電話給安迪的母親，與她和安迪約定短暫面談。在面談時三方簽了一份契約，敘述家庭閱讀方案的條件，與安迪一同承擔管理責任。他的母親要求在契約裡規定：(1)安迪負責安排家教時間；(2)如果安迪的母親必須承擔管理責任（例如：嘮叨安迪要閱讀或蒐集資料），則終止這家庭閱讀方案。安迪和他的母親共同努力了兩個月，每個月的教學有 2.85 個月的成績進步（參見 Idol, 1993, pp. 262-265）。

代幣系統　使用具體物品或表徵以兌換權利、活動或報酬。

小學例子：大衛的年齡是在四年級，有重度學習障礙及相關的行為問題，自七歲起就讀自足式特殊教育班。他在特殊教育方案努力學習九九乘法表和加減乘除基本計算。從大衛一年級最先就讀的普通班經驗，校長決定將大衛融合在三年級數學課。他的三年級老師使用了糖果增強班上所有學生。糖果放在她書桌上一個大瓶子裡，根據學生答對的數學題數及適當伴隨的社會行為給予糖果。大衛發現這引起高度動機，想知道為什麼未在特殊教育班給糖果當增強物！特殊教育班未曾像在普通班老師給大衛糖果當增強物。往後兩年，他在普通班的經驗逐漸增加；因此在他五年級的時候是完全融合。

中學例子：如果點數可兌換為具體報酬，贏得點數是使用表徵性代幣的例子。邁克爾在中間學校的六年級數學課，學生完成不同類型的數學作業而贏得了點數。與大多數學生不同，邁克爾也因表現適當的班級行為而贏得點數。他贏得機會與一群學生一同去凱帝先生的比薩店（該校的認養者）用午餐。

減少不當行為

故意不理會 忽略或容忍不當行為以便讓它消失或停止。

　　小學例子：艾度是四年級學生，有偏執和其他情緒問題。他不喜歡去任何地方，因為他認為有人在瞪視他。這恐懼使他不想離開教室去外面、操場、禮堂或自助餐廳。他沒有朋友，從二年級就在自足式特殊教育方案就讀。他非常聰明，進一年級前自學閱讀。艾度目前在資源轉銜方案，準備讓他最後回到普通班就讀。

　　芬名老師（資源教室老師）認為故意不理會艾度的行為會是一個好方式，可以幫助他逐漸適應人群和各種情境。因而，當艾度進入了教室、在教室內到處走動，或與其他資源班學生到校內各地方，芬名老師小心不看他。她總等艾度主動與她接觸，才看他。當艾度詢問，她會回應：「喔！我沒有看你，艾度。」這個故意不理會策略奏效，艾度更主動與他的老師接觸，也開始接受其他學生邀約到資源班外面冒險。兩年後，艾度完全融合在五年級班級。艾度的融合是漸次、挑戰和仔細計劃的過程。故意不理會是處理他的偏執的好策略，但它只是用於這一學生的許多不同技術之一。

　　中學例子：菲利普，八年級學生，相當粗暴無禮。通常，他的姿態和態度傳遞了這樣的訊息：「我是一個頑固的傢伙，你最好給我小心！」他以這姿態對待成人和同儕。許多老師曾與菲利普對抗，因為他們對他這種姿態做出回應並要求他改變行為。

　　然後，菲利普遇見了赫莉老師（他的第三任自然科老師）。赫莉老師與菲利普談話。在課堂上教他、問他問題，與一般老師一樣要求他。她對待他與她喜歡的學生一樣，只是故意不理會他乖戾的行為。有一陣子，他的態度顯得更加劇烈，但赫莉老師沒被他嚇倒。她繼續故意不理會他「頑固傢伙」的舉止，期待菲利普有最佳表現。菲利普開始變得溫和。他對赫莉老師另眼相看。當其他學生問他對赫莉老師態度的轉變，他說：「她是不同的。赫莉老師關心我。她不像其他老師。」

陳述期待 明確建立對個別班級行為的期待，最好能得到學生的參與及同意。

小學例子：當艾度（在上述例子所述）融合在五年級班級，拉福老師（他的老師）非常清楚他對艾度的期待。拉福老師告訴了艾度，期待他像班上所有其他男孩一樣的表現。他期待艾度如果需要幫助時會走到他的桌旁、在課堂上完成作業，和回答所問的問題。

這些是一般和簡單的班級期待，但艾度的前兩項行為難以做到。在資源班，當艾度需要時總沒有請求幫忙；也通常沒有準時完成作業，因為他動作太慢和太要求完美。他已學會對老師的問題適當地反應。拉福老師問艾度他是否能做這些反應，令特殊教育老師感到意外的，艾度的反應是肯定的。然後，拉福老師非常清楚地表示，如果艾度無法以這三個適當方式反應，就不能在他的班上。此時，艾度真正想留在五年級班且像所有其他學生一樣。所以，艾度同意滿足拉福老師對他的期待，而大多的時間他做到了。

中學例子：卡守老師在他的美國史課決定使用合作學習小組。每組負責花相當時間於歷史科，並且設計多媒體計畫來教其他同學。學生和卡守老師腦力激盪列出對合作學習小組及小組成員的行為期待。期待是針對社會行為、學習行為和課業表現。然後，整個小組重新討論這份列表，討論對每一期待贊成和反對的意見。最後，小組在這些期待達成了共識，每人（卡守老師和每一學生）都能接受這些期待。

發出信號　使用非語言訊號遏制負面行為。

小學例子：在卡特老師的班級，所有學生均使用了果斷訓練方案（Canter & Canter, 1982）。學生第一次違反班級規則，將該生的姓名寫在黑板上。在同一天裡該生接下來的三次干擾行為，每次都在其姓名上劃記。如果再一次違反規則，全班都瞭解，該生將被帶離教室。對於每次這些干擾，卡特老師沒說些什麼。她只是寫上該生姓名，予以劃記，在第五次時要求副校長立即將該生帶走。

中學例子：在生物課，費塔多老師發現使用非語言訊號是一個提示和矯正學生偏差行為的強有力方式，而不需要為難他們或對他們不當的注意。費塔多老師意識到，青少年對公開受窘特別脆弱並熱切維護在他們的同儕面前「酷」的感覺。費塔多老師和勞爾兩人私下發展了一套非語言溝通系統。這些訊號包括了費塔多老師拉扯右耳，暗示勞爾沒有在傾聽老師說話；

豎起拇指，表示勞爾行為或工作表現得好；若用食指和中指比V字型並用中指接觸眼睛外角，暗示勞爾必須「當心」（意指他正在給費塔多老師添麻煩）。費塔多老師很小心地在其他學生沒有注意到時傳送這些訊號。

再調整 以調整或修改支持行為控制和減輕壓力的情境，調控班級干擾的程度。 *68*

小學例子：在安德斯老師的三年級班，當學生變得干擾或太吵鬧時，就啟動班級系統。安德斯老師會將教室裡的燈關閉，這是一個訊號要大家停止在做的活動、立即站起來、面向班上的時鐘，和注視著秒針旋轉一分鐘。班上稱它「暫停時間」。

中學例子：在韓森老師的八年級班，越來越明顯地，許多學生在語文課整個九十分鐘專注上課有困難，特別是五位好動的男孩。韓森老師將班上學生分為五個小組，並將好動的男孩分在不同組。將語文課分成四個時段：獨立閱讀、小組閱讀、和學伴一起將所讀的寫成總結，如果前面三項都完成了，就有結構的自由休息時間。

面談 安排與問題學生私下面談，以機密方式交換意見且幫助學生瞭解你的關心。

小學例子：金妮是一年級學生，在學校有尿濕褲子的困擾。她的老師威爾遜女士，休息時和金妮一起坐在胡桃樹下吃小點心；她們討論這個問題該怎麼處理。她們決定準備額外的內褲和短褲在威爾遜老師的桌子裡以備急需，並且決定在老師的桌上放一個定時器。當時間到鈴響，威爾遜老師會關閉它，不多說什麼；如果其他學生問，威爾遜老師會說鈴響是幫助提醒她某件事。當定時器鈴響，金妮會停止手中所做的事，並且靜靜離開去廁所。如果其他學生詢問金妮的離開，老師會要他們安靜，說金妮是被允許離開的。

中學例子：在練完球而且其他球員不知道的情況下，查爾斯和他的籃球教練單獨面談。他們討論查爾斯為何那麼容易在球場發脾氣。他們討論球隊需要查爾斯是因為他是堅強和一致的球員，而不是因為他的脾氣爆發常被判犯規。教練告訴查爾斯在球場打球的正確觀念。教練強調發脾氣和憤怒可能會干擾他的個人生活和專業。他說球隊需要查爾斯，而查爾斯必須要決定他是否能控制這個脾氣怪獸，或讓它干擾他現在及未來可能的生

活。

事先警告　建立在對不當行為懲罰前的告知。

　　小學例子：克里斯汀是三年級學生。她的啜泣導致同學避開她並且激怒了她的老師——布雷得里先生。布雷得里老師同意如果克里斯汀不在班上啜泣，她可幫助整理教室。克里斯汀想要在放學後等母親來接她時幫忙十分鐘；她的母親是單親，克里斯汀似乎需要一些成年男性的注意。

　　如果克里斯汀開始啜泣，布雷得里老師說：「我們是否要維持我們的協議？」這是警告克里斯汀必須停止啜泣，否則協議的十分鐘特約時間會被取消。

　　中學例子：伍德莉老師教十一年級的英國文學，經常因凱文感到挫敗。因為他聰明、會讀、會寫、在英國文學方面有成功的潛力。但是凱文常因循苟且，他繳了班上作業後到處鬼混，找其他同學、作白日夢、閱讀其他教材。伍德莉老師關心凱文，與他談話，如果他持續因循苟且就上不了大學，凱文說他不想上大學。地方教會承諾只要他們能畢業，會提供凱文及其他同學讀社區學院的獎學金。凱文想繼續讀，但似乎未開始努力。

　　當他因循苟且時，伍德莉老師同意寫小紙條給凱文。紙條上如此寫著：「學院？」、「聰明的人該繼續如此做？」、「有意志的人因障礙而受阻礙？」、「？？？？」等。紙條的內容有不同變化，深思熟慮的、銳利的、有時幽默有趣。紙條的事先警告連結了凱文與更大的結果——凱文的既定利益。

後果的執行　對不當行為澈底完成宣布的後果。後果應該是立即的、非懲罰的和前後一致的。

　　小學例子：萊恩與幼稚園的同儕遊玩有困難。他想與其他同學互動和成為小組的一份子；但他打其他孩子、搶他們手上的玩具，和叫其他孩子粗魯的綽號。該班的組織是由孩子輪流在各種學習和活動角參與小組。

　　賓特莉女士（萊恩的老師）對萊恩解釋，只要他能與其他人分享和行為表現良好，他就能輪流參與各種小組與人互動。如果他沒有表現適當行為，賓特莉老師會帶他到她身旁，要他必須在地板一塊小地毯上單獨靜坐幾分鐘。然後，再允許他回去小組裡。賓特莉老師對這介入從不破例，如果萊恩打人、搶玩具或叫人綽號，他立刻被帶到地毯靜坐。

中學例子：在一所中學有幫會的問題，有些幫會成員帶武器來學校。學區實施了一項政策，任何學生攜帶武器來學校立刻會被開除。要再轉入另一替代學校的方案，該生需上至少十節的支持性諮商。若要再轉回地方中學，必須完成諮商、完成在替代中學的必修課以及由教育工作人員、家長、該生等組成的小組發展和實施的轉銜計畫。攜帶武器來學校立刻開除，沒有例外。

危機介入　當學生威脅到自己或他人時立刻介入。

小學例子：羅伯特和賈森是五年級的兩位學生（被分配到兩個不同班級），就讀的小學已在本章前面述及。這兩位男孩在班上極難管理。當這兩個男孩可能接受危機介入時，全校同仁變得較願意融合有學習和／或輕度行為問題的其他學生。所有老師都認識羅伯特和賈森，在校內各年級和場合見識過他們的問題。

危機介入方案在每個班級實施。採用果斷訓練，如前所述。這兩位男孩，如同班上其他學生，在帶離教室之前接受了四次非口語警告。學生在下列兩個情況之一，即帶離教室：(1)如果學生已接受了四次警告；或(2)如果該生試圖傷害或攻擊教室裡任何其他人。如果發生這兩種情況之一，老師請隔壁班老師代為注意班上情況後，把學生直接帶到校長助理的辦公室。如果學生拒絕去，老師會打電話給副校長來把學生帶走。

在這學校，干擾行為相當常見；當行為問題發生時，校長助理的主要責任是支援老師。學校的政策是在校內任何時間，要有副校長或輔導教師在。輔導教師要當副校長的後援。

中學例子：在一所中間學校，輔導教師負責危機介入。校長依需要選擇提供支持。該校有三位輔導教師，每位輔導教師各負責三個年級（六、七、八年級）中的一個。在三次警告後，介入的第一層次是要該生與父母、老師面談，討論他在班級的行為問題。

如果再繼續發生干擾行為，或對該生自己或他人有危險，則將該生帶離教室。發生兩個情況之一，即帶離教室。透過校內電話系統，老師通知諮商室，三位輔導教師中的任一位就來到教室，將該生帶到諮商室討論發生的事。接著，該輔導教師與該生、導師和該生父母開會，若需要可分配另外一位輔導教師加入。

70

第 **6** 章　如何融合嚴重干擾行為的學生？

81

總結

　　本章強調在班級要平等、尊重每個人的權利、開創安全的學習環境、老師支持學生而不是懲罰、幫助其他同仁，和邀家長或監護人加入學生的介入計畫。鼓勵協調合作者使用做決定的架構——有效的學生管理介入強度層次，針對有困擾或令人困擾的學生，協助選擇適當的介入。在這架構內敘述各種類型的介入，然後予以定義，並提供應用在小學和中學的例子。

7

融合班教師需要改變教學？

Do Teachers Need To Change How They Teach in Inclusive Classrooms?

　　級任教師對融合似乎主要有兩項主要而隱微的恐懼。一是，他們將必須完全改變他們原來的教法。另一是，具挑戰的學生會占去級任教師相當多的時間。這結果怕會剝奪教師對其他學生適當的注意。

　　成功融合的重要關鍵之一是設計和實施教學調整，讓具特殊挑戰的學生盡可能與較大群學生一同接受教育。在許多案例中，教師實際上可能發現自己從過去的教法改變了。但在更多案例中，教師意識到他們已經為某些學生做很多教學調整，而且許多同樣的這些調整適合具挑戰需求的學生。認識了這點，他們開始克服他們的恐懼：有特殊教育標籤的學生會非常難教，需要有非常專業的方法。這是級任教師們非常普遍的謬見，特別是那些反對融合的。

教學調整的類型

在本章，我們將探討由許多融合班教師使用成功的各種教學調整。這些教師是師資教育同仁成長方案的成員，他們在協調合作小組（由級任教師和特殊教育教師組成）合作引進已成功地使用的各種教學調整。筆者提供他們一個組織各種調整的架構（參見圖 7.1），依類型列出已使用的各種的調整。

本架構如 Lewis 和 Doorlag（1991）及 Idol 和 West（1993）所述，分為五類。這五類敘述如下。每一類都有相關附錄，每一類附錄均列出各種例子。

72

教學活動和教材	教學過程	工作要求（同一工作）	變通的工作選擇（同一課程）	變通的工作選擇（不同課程）

圖 7.1　教學調整矩陣

教學活動和教材：任何工作和／或使用任何類型的學習媒介或工具的調整（參見附錄 7.A）。

教學過程：對實際發生在班級的教學所做的任何調整。這可以是由教師、助理、學生、父母或電腦帶領的教學（參見附錄 7.B）。

工作要求（同一工作）：對具挑戰的學生之需求做調整，即使工作的分派與其他學生是相同的（參見附錄 7.C）。

變通的工作選擇（同一課程）：對具挑戰的學生之實際工作做調整。班上其他學生做不同的工作，但所有學生都學習同一課程（參見附錄 7.D）。

變通的工作選擇（不同課程）：對具挑戰的學生的工作及課程都做調整，這課程與班上其他學生的不同（參見附錄 7.E）。

調整或變動依照這五類反映在教導和學習過程的任一方面。如圖 7.1所示，所列類別從最容易實施（教學活動和教材）到最難實施（變通的工作選擇——不同課程）。

區分這五個欄位的差異是重要的。有時當教師抗拒做調整，他們認為任何調整是非常困難的，需要額外成人實施，和需要同時提供超過一種以上的課程。清楚區分這些欄位的差異有助於我們認識到，前三個欄位裡許多調整相對容易實施，且可由單一一位教師做。欄位的區分幫助我們更能選擇適當的調整類型，使我們真實地選擇那些相對容易實施但仍能保證學生成功的調整。

當要教師使用這五個欄位來分類他們已使用了的各種類型的調整，有四個重要概念需傳達：

- 教師瞭解他們已經知道且使用許多調整。
- 教師瞭解他們做調整不需要特別修課或特殊教育證書。
- 教師瞭解他們在班級實施調整不需要相當大量的特殊教育支持。
- 教師互相學習幾項調整，這些調整他人已使用但對他們是新的。

73

關於做調整，你已經知道哪些？

如上面所述的教師，重要的是你對於為班上具挑戰的學生所做的調整瞭解多少。在進一步閱讀之前，請停下和反思你已經知道哪些。使用圖 7.1做自己的備忘。使用腦力激盪並簡單列出你在自己的教學已經使用的各種調整。列出你想到的點子，在適當欄位寫下你認為最準確地描述的調整。

你也能與同仁或與協調合作小組一同做這活動。當然，與他人完成這活動會產生一份更長和更豐富的名單，並且你也等同於已經參與了相互教

學和學習的過程。再次，當小組一同合作工作，你將讚賞其結果的品質和數量具有更大的潛能。

當你完成了腦力激盪，檢視完成的表格。哪些欄位是你在你班上最容易實施的？或哪些欄位是你與某位級任教師合作得最好的？你是否在前三個欄位所列的點子多於最後兩個欄位？這是可能的。而且同樣重要的是去瞭解：在班上我們必須就所使用的活動和教材、我們的教學方式，或我們要求學生的工作做許多的調整。

然而，我們多數人，當我們為具特殊挑戰的學生考慮做調整時，我們會自動做結論：需做重大改變的調整——例如在同一課程內工作的改變，或必須為特殊學生提供另外的課程。但並不總是如此；相反，它更可能是，較少調整的類型將適合許多具學習挑戰的學生。

做 調整的外在影響

首先，你應該查驗附錄 7.A 至 7.E，以產生你自己的班級調整列表。同時也考慮幾項外在因素在融合班對調整的成功程度之影響。

下列討論八項這樣的影響，我發現這些影響了實際發生在融合班的調整量。

學生表現程度和班級教學標準　有些教師為所有學生規定單一高標準，不管所有學生是否能達到標準。一些教師規定了中等標準，期待有些學生會符合標準，一些會勝過，也有些將未能達到。在融合班，教師以小組方式合作，為不同程度的學生規定多元不同的標準：哪些是一致地超過教師的期待，哪些是在適當支持下能精熟年級標準，哪些是精熟核心基本技能，和哪些是學習社會技巧發展或支持性生活方式課程。

教師調整課程和教學的技能　當然，級任教師和協調合作小組的技能程度對在融合班所做調整的數量和品質影響很大。如同本章先前所強調，級任教師經常認為他們對班級調整的瞭解少於他們實際所做的。特殊教育教師經常擔心，他們對普通教育課程所做調整的瞭解不足。當特殊教育教師和一般教師以小組方式共同努力，彼此可因此而受益，就能實施較成功的調

74

諮詢合作與融合教育

86

整。

班上學生有學習和／或行為問題的數量　在融合需要課程和教學調整的特殊教育問題學生時，這是一個重要問題。首先，如果級任教師能對學習和／或行為問題的其他學生做同樣調整，他或她通常較可能實施調整。

　　但是，如果具學習和／或行為問題學生的比例非常高，級任教師會覺得壓力太大而不考慮做任何調整。通常，在這個情況教師會認為，單這件事就要花整天的所有精力。然而就是這種班級情況，實際上最適於做課程和教學的調整，因為這種班級非常需要解除痛苦。

　　最後，如果各班具學習和／或行為問題學生的比例差異大，則必須使各班比例有較公平的平衡。不公平的比例會在同仁間造成衝突和不滿。糾正比例有助於發展全校同仁共同努力建立協調合作融合學校的感受。提醒讀者可參閱第一章所述，中間學校以平衡不公平的比例作為融合的第一步。

可用的學校支持服務的類型和範圍　給級任教師的支持越多，則實施的課程和教學調整將越多。（參見第四章所述為級任教師提供支持服務。）

有品質的協調合作計畫和解決問題過程的存在　小組成員共同努力協調合作地開創班級調整，這不是單獨一人做得到的。三個臭皮匠，勝過一個諸葛亮。（參見第五章對於什麼是有品質的計畫和解決問題過程。）

合理的時間量供諮詢　不論提供級任教師哪類支持，諮詢時間量在發展有 75 品質的調整（適當和概念佳）是根本的。當級任教師更有信心實施調整，所需時間量可以減少。然而剛開始時，充足的時間量對發展方案是根本的。（參見第三章所列讓協調合作融合學校同仁有更多時間相互諮詢的各種途徑。）

調整教材的可行性　當教師和助理越努力合作，他們越能做更多更大的調整。他們也變得更加熟練各種調整需要的密集度、時間量和實用度。他們做的某些類型的調整是實體的，譬如：錄音教科書、測驗、教材和教學；標示重點的課本和教材；調整的題本；多媒體教學；學習角；學伴和小老師制系統的書面指引；和其他各種較永久性質的調整。當這資源庫逐漸擴大，級任教師對在他們班上實施調整的接受度也逐漸增大。

學校同仁在強化且積極的教學環境支持教育　行政人員積極面對融合和協調合作，校內教師較可能做調整。尤其讓學校真正地協調合作，大家參與決策過程，開創學校願景——讓所有孩子積極向上地學習。

做 調整的九項簡單規則

最後，從筆者多年與協調合作小組的工作中，提出做調整的九項簡單規則：

1. 保持簡單。複雜的調整很少維持相當時間。

2. 隨時盡可能使用班級課程。除非絕對不可避免，否則不讓學生學習班級課程是一種嚴重傷害。而且，比起調整活動、教材、教法和學生表現標準，級任教師較不可能改變或調整課程。

3. 為班上幾名學生選擇有用的調整。在班級教學裡為這幾名學生做調整是較有用、較實用的。

4. 為促進學生獨立和負責的學習選擇調整。當學生學會為自己的學習負責，則對級任教師的要求較少。或許更重要的，賦予學生生命的才能。

5. 為鼓勵學習的類化選擇調整。經常，具中度學習問題的學生較需要直接教導，將學會的概念類化到不同的情況和情境。當學生能類化所學的，相對於機械式直接和短期的表現，他們已真正學會了。

6. 考慮辛苦努力的必要。通常，實際上未實施高度勞動密集型的調整（如果實施，只是短時間實施）。這是因為對級任教師的要求是沉重的和多面的。

7. 考慮實施調整所需時間。調整若需相當多的班級時間，而僅成功支持該生一小部分的需要，這不可能是有效的。應該保持班級調整所需的時間與實施調整的回報之間的平衡。

8. 以最少密集的調整開始。如果最少密集的教學活動和教材的調整，即能解決問題，就沒有需要進一步調整。

9. 選擇與文化相關的調整。重要的是讓學生瞭解為什麼要學習這些教

材。當他們不瞭解，他們經常描述學習是「厭煩的」。當學習環境和相關的學生活動支持周圍的文化，更容易讓學生瞭解他們學習的相關性。

總結

在回答本章章名所提的問題，實際上教師不需要像他們有時所想的，做那麼多的改變。他們知道許多關於怎樣開創調整的學習環境。當他們參與協調合作小組，他們相互教導，即使很多是他們已知道的。在選擇適當的調整時做出明智和聰明的決定，是協調合作小組過程的一部分。區分調整強度的層次、考慮外在影響的衝擊，並遵守調整的成功且簡單的規則，以開創讓所有學生最大學習的融合班。

附錄 7.A

教學活動和教材調整舉例

_____ 1. 提供該生上課筆記影本。

_____ 2. 提供無碳複寫紙。

_____ 3. 以口頭施測。

_____ 4. 讓該生錄音做上課筆記。

_____ 5. 針對某些學生使用較低程度的課本。

_____ 6. 使用各種難度的讀物。

_____ 7. 在書面指導語的動詞劃底線強調。

_____ 8. 讓該生使用計算機完成工作要求。

_____ 9. 在寫作前，先腦力激盪式地討論。

_____ 10. 設定優先座位。

_____ 11. 提供教學遊戲和拼圖。

_____ 12. 為書本章節錄音。

_____ 13. 提供教師講稿給學生。

_____ 14. 給該生學習指引和參考資料。

_____ 15. 讓該生以電腦訓練、練習和複習。

_____ 16. 讓同儕為該生做筆記。

_____ 17. 依學生的各種學習類型提供各種不同的活動。

_____ 18. 錄影教學（供獨立學習的學生複習）。

_____ 19. 使用具體操作物。

_____ 20. 標示文本的重要部分。

_____ 21. 讓該生用電腦檢查寫作的拼寫。

_____ 22. 將紙張摺半以縮短作業。

_____ 23. 讓該生以圖表展示所瞭解的。

_____ 24. 鼓勵用直尺和捲尺當數線。

_____ 25. 提供讀物指引。

_____ 26. 選擇一些教材放大字體。

_____ 27. 建立學習中心。

_____ 28. 擴大作業以包括藝術作品。

_____ 29. 讓該生使用耳機。

諮詢合作與融合教育

_____ 30.創作具體的整體活動。

_____ 31.特別需求的設備（能調整的設備）。 78

_____ 32.讓該生使用計算機。

_____ 33.需求實際操作的成套科學學習工具。

_____ 34.使用文書處理軟體教學。

_____ 35.要求該生建立詞庫。

_____ 36.使用合作學習小組。

_____ 37.提供變通的教材——有畫線的紙、座標圖紙等。

_____ 38.使用閃示卡。

_____ 39.提供紙牌計數、排序和分類。

_____ 40.展示概念、程序等的海報。

_____ 41.提供字詞搜尋活動。

_____ 42.要求撰寫工作日記。

_____ 43.提供選擇題施測。

_____ 44.讓該生由向同儕口頭報告展示學習。

_____ 45.鼓勵小組討論。

_____ 46.運用小型且靈活的分組練習技巧。

_____ 47.要求動覺教材。

_____ 48.澄清或縮短教材裡的書面指導語。

_____ 49.對該生的工作增加提示或線索。

_____ 50.使用各種學習活動（例如：說明、詢問、示範）。

_____ 51.使用同儕支援。

_____ 52.鼓勵肢體能力受限的學生用以嘴咬著儀器或工具。

_____ 53.提供視障生引導索跟隨。

_____ 54.使用各種節拍器，讓所有孩子都能操作。

_____ 55.使用傾斜的桌面或筆記板。

_____ 56.提供有／沒有附字詞單的字謎遊戲。

_____ 57.使用護貝的教材。

_____ 58.使用聲控環境引導該生從一活動移到另一活動。

_____ 59. ______________________________

_____ 60. ______________________________

_____ 61. ______________________________

_____ 62. ______________________________

_____ 63. ______________________________

附錄 7.B

教學過程調整舉例

_____ 1. 額外呈現技能和概念資訊。

_____ 2. 提供額外引導的教學。

_____ 3. 使成功表現的獎勵更有吸引力。

_____ 4. 調整教學的步調。

_____ 5. 在某一教學單元減少呈現的資訊量。

_____ 6. 使用協同教學。

_____ 7. 以該生的母語提出指導語。

_____ 8. 提供視覺線索。

_____ 9. 以視覺提示強化講演。

_____ 10. 使用同儕小老師。

_____ 11. 依該生能力彈性分班分組。

_____ 12. 實施合作學習小組。

_____ 13. 提供個別化教學。

_____ 14. 包括閱讀前的準備活動。

_____ 15. 使用手語。

_____ 16. 提供發現學習的機會。

_____ 17. 提供比較—對比學習的機會。

_____ 18. 使用概念的正例和反例教學。

_____ 19. 提供該生機會去解釋和評估他們已學會的。

_____ 20. 教導批判思考技能。

_____ 21. 閱讀和傾聽時要學生做大綱。

_____ 22. 使用分組座談教學。

_____ 23. 修改和擴展口頭指導語。

_____ 24. 使用複述和釋義。

諮詢合作與融合教育

_____ 25.提供口頭提示。

_____ 26.說明系列步驟。

_____ 27.使用投影機。

_____ 28.使用黑板。

_____ 29.提供學習佈告欄。

_____ 30.展示數字和時程。

_____ 31.使用小組教學。

_____ 32.使用彈性的技能練習小組。　　　　　　　　　　　　　*80*

_____ 33.將藝術、音樂和體育活動融入一般教學。

_____ 34.提供學生生字詞彙存入字詞庫。

_____ 35.使用各種視覺和聽覺提示。

_____ 36.個別化評量該生進步情形。

_____ 37.引導該生學習。

_____ 38.敘述學習目標。

_____ 39.示範你要該生使用的技能和行為。

_____ 40.檢視該生的學習情形。

_____ 41.口述教導該生聽從指示。

_____ 42.結合口頭和書面指導語。

_____ 43.給口頭和書面測驗。

_____ 44.讓學生為其他學生翻譯。

_____ 45.為聽障學生安排口譯員。

_____ 46.以小型且靈活的分組提供再教導和複習的機會。

_____ 47.指定同儕學伴。

_____ 48.對該生表現一再提供回饋。

_____ 49.提供角色扮演的機會。

_____ 50.讓全班學生相互教導。

_____ 51.一次教一個目標。

_____ 52.使用多重感官法教學。

_____ 53.檢視該生在練習期間的進步情形。

第 ⑦ 章　融合班教師需要改變教學？

_____ *54.*當該生發生錯誤，提供直接且個別化的教學。

_____ *55.*使用教學助理。

_____ *56.*要該生與同儕一同閱讀。

_____ *57.*運用同儕小老師。

_____ *58.*擴大視覺輔助。

_____ *59.*給學生問題單，因此他們將準備好聆聽講演。

_____ *60.*使用非語言提示來警告或引導某些學生。

_____ *61.*降低主要教科書的閱讀難度。

_____ *62.*使用家長和社區志工。

_____ *63.*定義行為的限制。

81   _____ *64.*給予例行休息。

_____ *65.*一致地使用增強物和獎勵。

_____ *66.*使用檢核表檢視行為。

_____ *67.*使用行為管理計畫。

_____ *68.*使用多色彩的筆和粉筆寫字。

_____ *69.*使用預錄的故事和耳機。

_____ *70.*新教學或提出新資訊時使用電腦化教學。

_____ *71.*使用錢幣或紙鈔輔助教導計數、排序和計數 5 和 10 的系統。

_____ *72.*使用算盤教位值和基本數學運算。

_____ *73.*_____

_____ *74.*_____

_____ *75.*_____

_____ *76.*_____

_____ *77.*_____

工作要求（同一工作）調整舉例

_____ 1. 有些學生需增加時間以完成工作。

_____ 2. 有些學生需增加反應的時間。

_____ 3. 縮短或減少作業。

_____ 4. 改變表現標準。

_____ 5. 改變工作的特徵（例如：工作條件的本質或反應方式）。

_____ 6. 將一主要工作細分成多個分項工作。

_____ 7. 使用差別評定成績。

_____ 8. 提供口頭施測。

_____ 9. 提示該生在哪裡發現答案。

_____ 10. 讓該生用錄音答題而不是手寫。

_____ 11. 讓同儕記錄答案。

_____ 12. 逐漸增加工作要求。

_____ 13. 提供沒有限時的施測。

_____ 14. 給予部分分數。

_____ 15. 使用個別化表現標準。

_____ 16. 閱讀較短的文章。

_____ 17. 指定只做偶數的數學題。

_____ 18. 為學習緩慢的學生刪除較具挑戰的認知題。

_____ 19. 讓該生只學初步發音／字母的拼寫。

_____ 20. 讓該生接受口頭拼寫考試。

_____ 21. 使用計算機解數學題。

_____ 22. 縮短拼寫的字詞單。

_____ 23. 縮短閱讀作業。

第 7 章 融合班教師需要改變教學？

_____ 24.寫較少的段落。

_____ 25.用電腦寫作業代替用手寫。

_____ 26.班上其他學生要學會快轉、搖擺、移動等結合舞步,有些學生只要
學會基本的德克薩斯兩步舞即可。

_____ 27._____

_____ 28._____

_____ 29._____

_____ 30._____

_____ 31._____

附錄 7.D

變通的工作選擇（同一課程）調整舉例

_____ 1. 選擇相似但較容易的工作。

_____ 2. 選擇同一課程的一項先備工作。

_____ 3. 以圖、表和說明代替書寫。

_____ 4. 使用同一課程的有聲教材。

_____ 5. 使用變通測驗。

_____ 6. 在整個課程之內選擇一核心和基本的課程。

_____ 7. 使用藝術作品和肢體示範說明瞭解。

_____ 8. 讓該生以口述對老師或同儕答覆。

_____ 9. 給一個較粗略的不同測驗。

_____ 10. 簡化工作。

_____ 11. 讓該生做「實用」項目。

_____ 12. 讓該生填寫大綱／前導組織。

_____ 13. 提供可能的答案單。

_____ 14. 用克漏字法確定是否瞭解。

_____ 15. 建立學習實驗室。

_____ 16. 簡化數學題。

_____ 17. 提供較容易的同一練習單。

_____ 18. 提供標示重點的文本。

_____ 19. 修改實驗報告的格式。

_____ 20. 為該生安排同一課程但程度較低的用書。

_____ 21. 製作有聲書或電子書代替同一故事的紙本書。

_____ 22. 讓該生學習同一科但不同難度的內容。

_____ 23. 讓該生在地圖上找州名和首府，而不是強記。

_____ 24. 讓該生對著牆壁投球而不是投籃。

_____ 25. 班上其他學生在寫故事時，讓該生記錄口述的故事。

_____ 26. 提供經調整的課本。

_____ 27. _____

_____ 28. _____

_____ 29. _____

_____ 30. _____

第 **7** 章 融合班教師需要改變教學？

附錄 7.E

變通的工作選擇（不同課程）調整舉例

_____ 1. 從變通的課程或方案選擇一項適當的工作。

_____ 2. 當班上其他學生參與學業方案時，給較低功能的該生提供社會技能方案。

_____ 3. 當班上其他學生解數學題時，讓該生排序和分類。

_____ 4. 讓該生學習電腦方案，與班上其他學生學習是無關的。

_____ 5. 提供高興趣低難度的讀物。

_____ 6. 提供同一科但不同難度的課本。

_____ 7. 當班上其他學生學計數金錢時，讓該生學辨別形狀。

_____ 8. 讓班上其他學生學習食物鏈時，讓該生學動物圖片排序分類。

_____ 9. 當班上其他學生學習長除法時，讓一些學生學習數數。

_____ 10. 當班上其他學生學習科學實驗手冊內容時，讓一些學生學習實驗室安全規則。

_____ 11. 當班上其他學生學習準備提出法條時，讓一些學生學習設計法庭的空間佈置。

_____ 12. 當班上其他學生在跳繩時，讓該生數跳繩次數。

_____ 13. 因應宗教的差異修改活動和內容。

_____ 14. _____

_____ 15. _____

_____ 16. _____

_____ 17. _____

_____ 18. _____

諮詢合作與融合教育

CHAPTER

8

融合班如何調適
不同學習程度與速率的學生？

Is It Possible for Students To Learn at Different Levels and Rates
in Inclusive Classrooms?

　　多數教育工作者和家長關心融合特殊需求學生將妨礙班上其他學生的學習。協調合作學校的主要理由在提供班級教學各種方式的支持，以確保這種妨礙不會發生，並且讓所有學生有機會學習。本章的特色在運用合作學習小組和多層次課程，二者示範在異質班級的各種學生如何能以不同程度與速率學習。

　　運用合作學習小組形成設計多層次課程的基本結構。多層次課程的目的在調適各種不同技能程度的學生。運用合作學習小組的目的如下所列：

- 建立異質的學習結構，以增進學生彼此相互學習。
- 強調合作學習而不是競爭。
- 在小組結構內調適特殊學習和行為挑戰的學生。

合 作學習小組

以合作學習作為教學方法論的效果已有許多研究和資料。有興趣的讀者可參考幾篇廣泛和詳細的文獻（Johnson & Johnson, 1987; Johnson, Maruyama, Johnson, Nelson, & Skon, 1981; Sharan, 1980; Slavin, 1984）。研究結果支持在下列認知領域運用合作學習：

- 增進學業成績。
- 較高的學習保留量。
- 較高的思考水準（例如：分析推理）。
- 較多各種不同策略解決問題。
- 增加使用後設認知策略。
- 增加新點子的頻率。

86　　另外，研究結果支持學生情意的改變，譬如：

- 改善種族和族群關係。
- 增加學生的自尊。
- 對學校和課業抱持更積極的態度。
- 增加接納差異，包括特殊需求的學生。
- 增加小組合作技能。
- 更多協助行為。

形成合作學習小組的程序包含八個步驟（參見表8.1）。這些步驟形成課程樣本 8.1 的結構。這個課程是在五年級班真正實施的例子，目的在教導學生閱讀文學書籍時的讀寫技能。這個例子能在許多不同年級和跨學科實現。

表 8.1 班級的合作學習：實施程序

> 步驟一：確定目標。
> 步驟二：規定小組大小和分配學生到小組。
> 步驟三：安排班級。
> 步驟四：提供適當的教材。
> 步驟五：設定工作和目的結構。
> 步驟六：檢視學生間的互動。
> 步驟七：介入解決問題和教導技能。
> 步驟八：評估結果。

運用合作學習小組的課程樣本

下列課程設計是四位教師間協調合作的冒險，也是他們畢業研究的一部分：級任教師 Chris Bretzke，和她的同事 Evelyn Droeg、Teri Haugen 和 Connie Rice。他們修筆者的畢業班課，該班採成年學生的合作學習小組。本課程是他們在融合班應用合作學習小組的例子。

課程樣本 8.1

五年級班級合作學習小組的課程樣本

本計畫在五年級實施合作學習小組結構。這一融合班包含各種學習程度的二十四位學生。合作學習小組採用的方法是共同學習法（Learning Together）（參見表 8.2），接受教師教導後，學生以小組方式共同為單一結果努力。

◆ **步驟一：確定目標**

- 在融合班實施共同學習法。
- 教學生完成小組計畫以展示讀寫技能（例如：閱讀、詞彙字詞和定義、寫字、圖畫、閱讀理解和已會概念的引申）。
- 閱讀文學作品中一個完整的章節。

87

表 8.2　合作學習的方法和格式總結

*1.*小組輔助個別化學習（team-assisted individualization [TAI]）

TAI 是種合作學習的方法，學生採異質分組努力熟練個別化作業（Slavin, Madden, & Stevens, 1990）。其他合作學習方法採小組進度，TAI是獨特的，因為它合作地結合結構學習與個別化教學。在 TAI，個別小組成員做他們自己的作業和協助其他小組成員做作業。如果小組表現達到或超過預定的標準，小組成員就會受獎。

*2.*學生小組成績分工法（student teams achievement divisions [STAD]）

四或五名學生組成一小組，熟練教師所教的課程教材練習單。隨後，他們個別小考該教材。小組的總分由各名學生比較過去表現的進步程度決定。展示最大進步的小組登在班級的每週通訊。（註：STAD 及下列四個合作學習方法的敘述，都是出自 Slavin [1981]）。

*3.*小組遊戲競賽法（teams-games tournament [TGT]）

TGT 的程序與 STAD 相同，但不是採測驗，學生與班上跟他們自己類似的表現較弱成員玩學業遊戲。小組的分數也是根據個別的進步情形。

*4.*拼圖法（jigsaw）

五或六名學生組成一小組。教師給每名學生一項資訊，該生必須用以「教」他們的小組。然後，學生個別受測對教材是否精熟。拼圖法二（jigsaw II）程序一樣，不一樣的是學生從課本、敘事材料、短篇小說或傳記獲得他們的資訊。然後，該班接受小考得到個人分數和小組分數。

*5.*共同學習法（learning together）

在教師提出了一課文後，學生以小組方式共同完成一張作業單。小組以整體方式接受稱讚和確認是否精熟作業單。

*6.*小組調查法（group investigation）

這是個較複雜的方法，要求學生承擔較大責任決定他們要學些什麼、如何組織他們自己以掌握教材，及如何與班上同學溝通他們已學會的。

註：From *Effective Instruction of Difficult-to-Teach Students: Instructor's Manual* (p. 151), by L. Idol and J. F. West, 1993, Austin, TX: PRO-ED. Copyright 1993 by PRO-ED.

這個課程是《真愛無盡》（*Tuck Everlasting*）一書文學研究的一部分。共同學習法的程序是與其他學習的程序一併在班上正常使用這本書的十章。這十章的每一章，安排隔天閱讀，學生要合作完成指定的工作。

◆ 步驟二：規定小組大小和分配學生到小組

級任教師決定班上分成六個閱讀小組，每組有四名學生。小組的組成考慮學生的能力、行為和個性。在小組首次聚會時，要求成員一致為自己的閱讀小組取名。將小組和成員的名字張貼在閱讀佈告欄。

組內成員間負責的閱讀和相關活動的劃分要公平。例如，有些小組決定每一成員輪流讀一段，其他小組可能決定每人讀半頁直到該章結束。小組也決定成員輪流讀的順序。小組可改變每課輪流讀的順序和閱讀的量。

◆ 步驟三：安排班級

閱讀時間在每天早晨十點進行一小時。教導學生可以移動到教室內任何地方組成小組，完成他們的閱讀課。選擇了位置，學生必須圍坐成一圈，膝蓋稍微碰觸。這樣做了以後，當他們大聲朗讀時，以小聲幫助他們保持注意焦點。

每天一名不同的小組成員當小組長，負責完成小組紀錄表（參見附錄8.A）。這表格要求小組長登記小組成員的姓名、是否帶適當的教材來小組、是否完成作業、對小組參與和合作的評註。

將合作學習小組規則（參見表8.3）張貼在教室。剛開始時，老師與全班複習這些規則、解釋每一規則、詢問是否有問題，並舉例說明每一規則。當學生在合作學習小組時，提醒他們這些期待的行為。

◆ 步驟四：提供適當的教材

88

配合每一合作學習小組的課程，學生要攜帶所需的個人用書、個人的字典、小組紀錄表、寫字紙、畫圖紙和麥克筆等。教師提供小組紀錄表及其他必要的用品，將這些材料放在桌上，供小組長在每一課開始時取用。

◆ 步驟五：設定工作和小組結構

教師說明本課的目標在讀哪幾章，和以有趣的方式做活動讓學生能互

第 8 章 融合班如何調適不同學習程度與速率的學生？

表 8.3　合作學習小組規則

1. 傾聽他人說話。
2. 鼓勵和尊敬他人。
3. 解釋和總結。
4. 檢查是否瞭解。
5. 以可接受的方式表示不同意。

相幫助。告訴學生以小組方式閱讀會讓他們有機會進行更多口頭閱讀，有些會讓他們樂在其中。這會讓他們有機會分享角色和故事。

教導學生在小組紀錄表做正面評論並舉例。這樣例子應寫期待的行為「應該更注意」，代替寫「不要不注意」。提醒學生每一小組成員輪流擔任小組長和寫小組紀錄表。也提醒他們針對閱讀小組參與情形做評論。

也告訴學生每一組以自己的速度工作，時間限制以讓所有小組能完成閱讀為準。如果在時限內小組未能完成生字生詞及書寫練習，可將未完成的工作改成個別家庭作業或在該天剩下的允許時間完成。如果能在閱讀時間結束前完成，可給小組手寫作業。

◆ 步驟六：檢視學生間的互動

當小組努力他們的課程時，教師在教室內走動、觀察和傾聽各個小組。對那些適當參與者給予稱讚、允諾。

教師以再指導或回答問題提供協助。有時她運用機會坐下，短暫地參與小組。任何時候對各組的工作，教師期待正面評論、合作團結。教師也由蒐集每日的小組紀錄表和對評論的反應，檢視學生互動的情形。另外的檢視是，教師檢查學生的書面工作和每一學生在他們閱讀工作日記裡的自我評價。

◆ 步驟七：介入解決問題和教導技能

當小組或學生有困難時，教師即予以介入。如果她聽到了某事不是正面的，她會停止小組和再指導學生遵守合作小組學習規則。她會要求學生反思他們自己的舉止，看他們是否實踐了那些規則。如果需要，教師加入小組示範適當的行為和重新聚焦於這小組。在這以後，她會保持距離繼續

檢視這小組。

最重要地，教師讓學生知道，他們可選擇一起完成他們的工作、以更有趣的方式而較少單獨工作，或他們能單獨完成所有分配的工作。在閱讀時間的結尾，如果所有小組適當地做了他們的工作，和按部就班集中地完成了作業，他們可以免除閱讀的家庭作業來獎勵自己。

◆ 步驟八：評估結果

計劃這些課程的教師們認為，學生和級任教師有美好的經驗（至少這是他們所描述的）。根據他們的描述，在責任和合作領域有很多成長。學生喜歡這種結構，當給他們作業時，他們熱切地參加他們的小組並立刻開始工作。級任教師說：「這真是一件好事。這些通常對學校作業不感興趣的學生，變得就像那些熱愛上學的學生。」

這是共同學習法的層面，當他們在進行這課程時全班繼續工作。一是他們要保持低聲耳語。班上必須停下多次，以提醒降低他們的聲音。學生如此做了，但過了一會兒後，音量會再提高。教師高興地看到小組成員互相輕拍肩膀提示要耳語低聲。教師說，學生們真正努力了，即使他們的音量會提高；大部分時間，他們能持續專心閱讀。

級任教師並且說，過去該班很少花時間學習以正面方式寫評論。偶爾，教師在黑板寫些正面評論的例子給學生看。所有小組紀錄表從開始到結束都保存著，顯示這方面有長足的進步。在本課程結束之前，幾乎所有評論都是正面的和很好的。例如，包括下列評論：「優秀閱讀！」「美妙！」小組教師並且說：「這是令人激賞的！只要你記得過去五年級學生對他們同儕的評論，現在不再有不適當的評論了。」

有些小組必須按進度工作。有些小組掌握他們自己的進度，注意著時間，適時完成工作。其他小組不關注討論問題所需時間，只好在時間用盡時必須把工作當家庭作業去完成。（補救這問題的方法是指定一位計時員。）

教師並且認為，學會解決問題的一部分是學會妥協，對這些學生是一大阻礙。小組有如此問題：誰先讀？每人各讀多少？對某些行為你如何反應？有些小組一開始就做了這些決定。另有些小組一開始就在這些決定上花了很多小組閱讀時間，最後只得將他們的工作帶回家做。那些沒有花長

第 8 章 融合班如何調適不同學習程度與速率的學生？

時間就做選擇的小組，就可將閱讀時間花在讀書上。級任教師看到學生做這些轉變感到欣慰。她在行進間傾聽和觀察，當她聽到學生下列評論她會微笑，例如：「我們不要再浪費時間，我不想做家庭作業。」「快點！拜託！快做吧！」。

這個計畫透過小組評估和自我評估教導學生自我覺察。級任教師說，最大的認識是要能以正面方式說你不喜歡某人的某事且不會傷害這人的感受。她感到這是生活中真正的認識。

在自我評估時，學生必須查看自己和認為是否已做了好事。教師評論說：「查看別人和評斷別人比查看我們自己容易。哇！這些學生誠實面對他們對自己的評論。」一位學生寫：「我能努力工作了。」另一學生寫：「我應該更專心」。

教師說這種學習方式對閱讀較弱者是有價值的，對閱讀較佳者也如此。閱讀更弱者在小型且無威脅的環境裡獲得口頭閱讀練習。閱讀者能決定他們自己要讀多少。當閱讀較佳者朗讀時，他們能跟著讀。他們從小組討論獲得理解，也分享小組的成功。閱讀較佳者是優秀的閱讀楷模，是小組需要的閱讀小老師，能照正常的步驟閱讀完這本書。

在合作學習小組有幾個不同的學習方法和格式可用。六個常用的列在表8.2。每個都可能是有效的，但最好是能與教師們協調合作考慮擬教導的班級及科目。然後，他們應該對於哪種方法最適合該班達成共識。在課程樣本8.1，教師們決定使用第五種方法——共同學習法。

首先，班上學生必須學習該合作結構。一旦這個非常重要的部分確定後，接著是多層次課程，如下所述。

多 層次課程

多層次課程是在同一課程內調適不同能力和技能範圍的學生。這類課程是級任教師關心融合特殊教育需求學生後，必須同時提供多個課程導致廣泛修改課程的一個好解答。在隨後的例子，教師提供所有學生同一課程的各種學習活動和表現期待。

本方法的根本是合作學習小組結構。好的教學過程是多層次課程的第二個要素。你會發現小學多層次課程的例子是依基本課程結構（參見附錄8.B）建構的。這只是建構多層次課程的方式之一。任何好的教學程序都能用來形成這課程的基礎。進一步提出這觀點，在本章稍後的中學多層次課程例子是依不同結構而建構。這個稱「示範課程計畫」，集中在教導學生學習策略和認知。任何結構都能在小學或中學使用。

多層次課程可用於一節課或可擴大用於數天、數週或數月。它可以一科為範圍或可以兩或多科統整課程的教學。在隨後的例子，小學例子說明在兩個融合班教長除法，中學例子說明應用科目統整於世界史課程。

小學多層次課程

在多層次課程的這個例子，本課程是依「基本課程結構」（參見附錄8.B）編製的，提供難以教導的學生一個可靠的結構（參見 Idol & West, 1993）。因此，在課程樣本 8.2，這首次的教學改變是針對所有學生的一個高度構造課程格式。

課程樣本 8.2

小學班級多層次課程樣本

這個多層次課程是為兩班四年級數學科設計的。甲班有二十七名學生而乙班有二十六名學生。在甲班有三名經診斷為學習障礙的學生，兩名有行為問題，和兩名屬學校失敗高危險群。在乙班有一名學習障礙學生，一名最低閱讀程度的閱讀障礙學生，三名屬學校失敗高危險群，一名有嚴重行為問題，和一名坐輪椅的腦性麻痺學生。

這兩班在小學（幼稚園大班至四年級）相鄰的教室。為了數學教學，這兩位級任教師決定每天同一時間上數學課，兩班的進度相同。

支持同仁：在這所學校，這兩位教師有一位共用的教師助理。在教數學時，教師助理在這兩班間來回走動，幫助需要個別協助的學生。

93

在這學校唯一位特殊教育教師主要擔任合作教師，合作處理班上學生問題。她主要的工作對象是有個別化教育方案的特殊教育學生，但有時也常幫助其他學生。在這兩班數學教學，採用合作教學的安排是一位主教教師及一位支援教師。主要由級任教師提供課程教學，而合作教師擔當了支援教師，依需要處理個別學生的問題。

（參見第四章有關這所小學採用合作教學和教師助理的進一步描述。）

基本課程結構

◆ 步驟一：有清楚的目標，常從工作分析獲得

課程的目標是教學生計算長除法問題，依循一特定序列完成二位數除數和三位數被除數的除法問題算法。

算法的步驟由兩位級任教師和合作教師確認。他們分析了解決長除法問題和列出所有細部作為步驟。這些步驟列在表 8.4。

◆ 步驟二：診斷學生以確定教學針對正確的困難度

給學生包含解決長除法問題算法的基本數學運算前測。這些包括對位值、估計、乘法、乘法和需退位的減法、減後的餘數、除數、被除數、商數和整數的知識和熟練。

◆ 步驟三：藉由聚焦活動集中學生的注意力

經由班級討論，腦力激盪列出需要用到長除法的所有生活事例。

◆ 步驟四：複習過去相關的學習

以小組複習提供學生上述所列需要釐清或再教的任何知識領域。小組是臨時複習的小組，是根據在前測的表現組成的。

◆ 步驟五：藉由提供概要及課程的目標和目的，建立「預期工作系統」

由兩位級任教師對他們各自的班提供課程目標給學生（參見上述步驟一）。每位教師解釋學習這個課程的目的，期使每一學生：

● 學會逐步解決長除法問題。

94

諮詢合作與融合教育

- 在解決長除法問題時，學會放聲思考。
- 當真正需要時學會請求協助。
- 學會驗算他們自己的工作。
- 學會檢查他們自己的理解。

　　兩位級任教師使用投影機和大螢幕示範解決長除法問題。每位教師對學生解釋：他們都要學會如此解決問題，而且學會逐步解題對他們有重大的幫助。當兩位教師示範解決第二題時，他們告訴學生如何照十二個步驟完成長除法的算法（參見表 8.4）。

　　兩位級任教師使用了「示範─引導─測試」的過程，其解釋如下列步驟六。

　　示範──兩位教師使用投影機解答長除法第二題。他們用投影片向學生展示這十二步驟，在解題時逐漸提示每一步驟。

◆ 步驟六：在小步驟提供資訊，以示範和檢核是否瞭解

　　引導──兩位教師再使用投影機和十二步驟解第三個長除法問題。學生這次在位子上照老師的每一步驟解同一問題。

◆ 步驟七：提供立即回饋和高成功率的引導式練習

　　測試──每一學生照這十二步驟解第四個長除法問題。然後，每班級任教師在投影機解第四個問題；如此每一學生把自己的答案與老師的比較，看是否需要訂正。

◆ 步驟八：如果需要，提供獨自練習和再教導機會

　　然後，學生開始寫有數個長除法問題的作業單。接著，當學生照這十二步驟逐一解題時，合作教師、教師助理和兩位級任教師檢視學生、提供援助和檢核。

　　指派任何需要再教導的學生到臨時再教導小組，接受合作教師指導。

◆ 步驟九：提供課程的最後檢討和適當的綜合活動

　　在複習本課程時，將學生分成數個小組負責提供幽默短劇或向全班示

95

表 8.4　完成長除法算法的步驟

步驟一：看除數（在直式除號左側之數字）。捨去至最近的十位整數。
步驟二：看被除數（在直式除號內的數字）。捨去至最近的十位整數。
步驟三：估計被除數中最近的除數。
步驟四：嘗試這個數字在商數的十位計算（在直式除號上的數字）。
步驟五：將估計的商數（在十位）乘以除數。將這個數字記在被除數百位和十位之下。再將零記在被除數之下個位。
步驟六：在這個新數字之下劃一直線。從被除數減去這個數字。
步驟七：檢查減剩的餘數（步驟六）是否小於除數。如果是則進到步驟八；如果不是則重複步驟一到六。如果在步驟六你得到的餘數大於除數的兩倍，則使用較大的估計商數。如果你在步驟六得到的餘數小於除數且不可能減去餘數，則使用較小的估計商數。
步驟八：以同樣的除數和新的被除數重複步驟一到六。
步驟九：藉由減法找出餘數。如果餘數比除數小，則在商數後寫下字母「r」然後寫下這個餘數。如果餘數比除數大，則回到步驟一到五求第二次估計。對減法的不正確答案，考慮是否比除數稍大或是數倍大。
步驟十：檢查你的工作。用計算機驗算，你是否得到同樣的答案？
步驟十一：（加分）跳過步驟十，以乘法計算檢查你的工作。提示：除數乘以商數，再加餘數。
步驟十二：舉手，讓成人傾聽你如何解決了這個長除法問題。

範如何解一題長除法問題。然後，所有學生接受後測。接著，學生回到小組創造較複雜的長除法問題並向全班布題。

96　　　課程樣本 8.2 實際發生在小學，見第一章中有合作教學和教師助理諸段所述。在這真實情境中，兩位級任教師共用一位教師助理。由於他們的教室是相鄰，他們決定在數學教學時讓教師助理來回在兩間教室走動。

這兩位教師也選擇讓合作教師每天在這時間的後半段進入這兩間教室。在這時間的前半段，由教師提示教學。在這時間的後半段，由學生獨自解題、級任教師、合作教師和教師助理檢視兩班並引導練習。如在課程所述，合作教師將學生編成臨時小組，就學生的需要提供任何必要的再教學；她也嚴密檢視了特殊教育學生的解題。

在課程之外，也為各類學生分別做改變。這些改變如表 8.5 所列，依需要來使用，顯示小學各類學習困難學生的個別化教育方案的目標。

開發這個課程源自對實際需要。四位成人在兩班服務，發現每位成人解長除法問題的說明略有不同。因此，開發多步驟解法，讓所有成人和學生依循。這在教學和引導練習時間增加了大量所需的清晰。這是第一次，所有在四年級這兩班的學生學會並精熟長除法問題。 97

在本課程要注意的是，採用的直接教學法，即「示範—引導—測試」的過程。這是源自 Englemann 和 Bruner（1974），許多表格複製自 Idol（1996a）及 Idol 和 West（1993），用於教導融合情境的困難教導學生。

當教學結構嵌入本課程後，即有了為學習困難的個別學生做各種改變的多層次課程。

表 8.5　為有特殊教育需求的小學學生所做的調整

學習障礙學生
1. 可以計算機解作業單的其他問題（如果需要，提高注意並鼓勵工作完成）。
2. 使用九九乘法表（如果需要）。
3. 與學伴配對（如果需要）。

閱讀障礙學生
1. 使用九九乘法表（如果需要）。

資優學生
1. 可較快速解題。
2. 當他們計算完後，可用演算法編故事題。這工作可以小組或個別完成。

學校失敗高危險群學生
1. 與學伴配對。
2. 使用九九乘法表（如果需要）。

肢體障礙學生（腦性麻痺）
1. 與學伴配對。
2. 可提供較大張但題數較少的作業單和較大的計算機。

行為問題學生
1. 與兩位行為表現適當的學伴配對。
2. 與他們的教師和父母針對可接受的班級行為簽訂個別化行為契約。
3. 由級任教師針對個別學生，對於好的學習行為依契約給予點數。

中學多層次課程

　　課程樣本 8.3 是為一中學班級設計的多層次課程。它的設計配合附錄 8.C 的示範教學計畫表。這個示範教學計畫修改自 Lindquist（1987）和曾出現在 Idol 和 West（1993）。它的焦點是，在課程活動內教導學生如何成為有策略的學習者和開發批判思考技能。

　　這種方法的教學集中在對認知教學的使用，指教師或教材的任何努力，在於幫助學生運用有意義的方式處理資訊和成為獨自的學習者（Resnick, 1987）。Resnick 列出影響認知教學方法的幾項努力：

- 藉閱讀幫助學生建構意義。
- 教導學生解決問題。
- 培養學生有效的閱讀／思考／學習策略。
- 教導學生選擇適當的策略。
- 教導和期盼學生承擔對他們自己的學習責任。
- 支持學生將技能和概念類化到新情況。

課程樣本 8.3

中學班級多層次課程樣本

　　這個多層次課程是為二十五名學生的世界史課程設計的。兩位學生經診斷為學習障礙，四位屬學校失敗高危險群，一位有中度特殊教育需要，一位有聽力損失。

　　為了這個課程，教師將學生分成四位學生的小組有五組，另有一小組有五名學生。每一小組組成了一個合作學習小組，這一結構早已在該班使用了。特殊需求學生在各小組分布如下：

第一組　兩位一般學生、一位學校失敗高危險群學生和一位聽力損失學生。

第二組　三位一般學生和一位中度特殊教育需求學生。

第三組　三位一般學生和一位學習障礙學生。

第四組　三位一般學生和一位學習障礙學生。

第五組　三位一般學生和兩位學校失敗高危險群學生。

第六組　三位一般學生和一位學校失敗高危險群學生（該生的問題是班上最嚴重的）。

課程的目標：比較羅馬、希臘和印第安三帝國。

時間表：三天。

準備活動

◆ 評量先備知識

學生撰寫或錄音三篇關於這三帝國的短文，每一帝國各一篇。

◆ 課程目標

- 學會從五個面向比較文化：時代、政府、軍事、精神／宗教／文化實務，和經濟。
- 學會總結關於羅馬、希臘和印第安等古老帝國的知識。
- 學會做年代對照表。
- 學會列表做比較。

◆ 課程調整

為有個別化教育方案的特殊教育學生，依他們的個別化教育方案做相關的具體調整（參見表8.6）。

教師分配學生到他們各自的小組，提醒他們在這班進行合作學習小組的規則和程序。

學生就他們已經知道這三種文化的任一資訊填入矩陣（參見圖8.1矩陣的例子）。然後，將這些交給老師。

第 8 章　融合班如何調適不同學習程度與速率的學生？

表8.6　為有特殊教育需求的中學學生所做的調整

學習障礙學生
　1.在合作學習小組安排小組記錄員的角色，以提高瞭解。
　2.當教師提供重點提示／舉例時，學會評估自己的先備知識。
　3.學會以圖表組織和年代表輔助瞭解。
　4.學會評估舊的錯誤概念和誤解。

中度障礙學生
　1.學會以適當的社會行為參加小組活動。
　2.學會找出可說明新資訊和理解的圖片。
　3.學會在年代表設計和使用符號，以反映瞭解。

聽力損失學生
　1.在世界史課程的班級時間和同儕研讀時間，提供口譯員。

99

帝國	時期	政府	軍事	精神／宗教／文化實務	經濟
羅馬帝國					
希臘帝國					
印第安帝國					

圖 8.1　比較帝國的矩陣

98 ◆ **重點提示／舉例**

　　當配對的學生在矩陣列出他們已經知道的資訊時，教師會予以檢視。如果他們有困難，她會提供個別小組提示和例子。

內容介紹

◆ **教師舉出正例和反例**

　　教師示範關於羅馬帝國部分應該看圖 8.1 矩陣的第一列。她展示課本
99 和資源教材中符合矩陣的資訊正例，不適用的反例則不用。

◆ 學生檢視和討論正例和反例

在各小組，學生討論教師提供的每個例子，為什麼正例適合或反例不適合列入矩陣。

◆ 小組調查

合作學習小組的學生要蒐集更多適用於羅馬帝國的資訊，及印第安和希臘兩帝國所有需要的資訊。

配對的學生去學校圖書館或電腦實驗室上網蒐集資訊。他們也一起完成家庭作業（自選）。再將這資訊帶回到合作學習小組。

◆ 小組報告和與教師課堂討論

各個小組的發言人向全班報告。

根據在全班的報告，各個小組對他們的矩陣做任何必要的修改。

統整和應用

◆ 以圖表組織協助瞭解

各組學生比較他們的矩陣內容。他們用黃色螢光筆凸顯兩個帝國實際的共同處，也使用藍色螢光筆凸顯三個帝國實際的共同處。

◆ 教師評估舊的錯誤概念

個別的學生回到他們原始的先備知識矩陣，並建構一個新矩陣。

學生回到他們的合作學習小組，列出小組誤解之處；然後，討論他們對所列每一誤解的新瞭解。

◆ 附帶說明

100

全班建構了一個年代表，比較三個帝國和完整矩陣的五個面向。

教師提出了關於我們對過去傳承的問題：「每一帝國的哪些方面能在今日美國生活中看見？」

教師提出了第二個傳承問題：「每一帝國的哪些方面能在今日你自己的生活中看見？」

小組和個人的責任

◆個人

班上每名學生因個人努力贏得積分。

聽力損失學生有口譯員。

學障學生負責在圖表上記錄資訊。

中度特殊教育需求學生必須：

- 在小組工作。
- 找出小組將概念同化到矩陣的圖片。
- 學會以適當的社會行為參加小組活動。
- 學會在年代表設計和使用符號。

◆小組

每一小組因個人努力贏得積分。

每一小組負責分配下列這些責任：

- 小組記錄員。
- 年代表設計者。
- 教科書朗讀者。
- 圖片選擇者。
- 圖片解釋者。

分配成對的學生從課本和其他資源教材蒐集資源資訊。

這個多層次課程例子的成功基本上可分成幾個方面討論。首先，注意到各類困難的學生（學習障礙、學校失敗高危險群、中度特殊教育需求、肢體障礙）平均分配到各合作學習小組。因此，沒有一組負荷困難學生過多，而且每一組由一般或高成績的學生主導。

其次，注意到有個別化教育方案的學生，針對他們的個別化教育方案調整特定的目標。第三，注意到評估小組的理解及學生的個別理解。這非

諮詢合作與融合教育

116

常重要，因為有些教育工作者和父母關心使用合作學習小組的調整課程是否造成個別學生學得較少。第四，注意到這是統整課程的例子。學生學習世界史的同時，應用於美國現代生活、使用研究技能、使用小組溝通過程、使用閱讀和寫作技能，和做小組報告等。

結

　　本章的目的在說明如何設計融合班，以成功地調適各種類型的學生，且仍能提供個別學生最大成長和成果的機會。首先，開始使用合作學習小組，即是進步鷹架。然後，接著是教學的基本計畫。提供了兩個例子：一個是常用於困難教導學生的基本課程結構，另一是著重認知和策略教學的示範教學計畫。最後，針對有特殊學習或行為困擾的個別學生做修改和調整，以防止他們像其他學生在融合班一樣重蹈覆轍。如同本章章名的建議，這的確是可能的，讓不同學習程度與速率的學生在融合班學習。關鍵是教師要教導學生如何共同學習和使用多層次結構，以保證提供所有學生美好的教學。

第 **8** 章　融合班如何調適不同學習程度與速率的學生？

附錄 8.A

小組紀錄表

我做了分享！

姓名 _____　　　日期 _____

組名 _____

指導語：在每一題圈選總是、有時或從未。

我使用了耳語輕聲	總是	有時	從未
我是一位好的傾聽者	總是	有時	從未
我會與人輪流	總是	有時	從未
我有我的教材	總是	有時	從未
我聽從指示	總是	有時	從未
我已竭盡全力	總是	有時	從未

評論：

_____

_____

_____

_____

_____

_____

諮詢合作與融合教育

附錄 8.B

基本課程結構

1. 有清楚的目標，常從工作分析獲得。

2. 診斷學生以確定教學針對正確的困難度。

3. 藉由聚焦活動集中學生的注意力。

4. 複習過去相關的學習。

5. 藉由提供概要及課程的目標和目的，建立「預期工作系統」。

6. 在小步驟提供資訊，以示範和檢核是否瞭解。

7. 提供立即回饋和高成功率的引導式練習。

8. 如果需要，提供獨自練習和再教導機會。

9. 提供課程的最後檢討和適當的綜合活動。

註：From *Effective Instruction for Difficult-To-Teach Students: Instructor's Manual* (p. vii), by L. Idol and J. F. West, 1993, Austin, TX: PRO-ED. Copyright 1993 by PRO-ED.

附錄 8.C

示範教學計畫表

準備活動

　　1. 評量先備知識：

　　2. 課程目標：

　　3. 促動先備知識：

　　4. 重點提示／舉例：

內容介紹

　　1. 教師舉出正例和反例：

　　2. 學生檢視和討論正例和反例：

　　3. 小組調查：

　　4. 小組報告和與教師課堂討論：

統整和應用

　　1. 以圖表組織協助瞭解：

　　2. 教師評估舊的錯誤概念：

附帶說明

　　以下列方式，鼓勵學生檢視他們自己的理解：

註：From *Effective Instruction for Difficult-To-Teach Students* (p. 77), by L. Idol and J. F. West, 1993, Austin, TX: PRO-ED. Copyright 1993 by PRO-ED.

9

如何成為一位較佳的溝通者？

How Does One Become a Better Communicator?

雖然本章已近本書的尾聲，但這可能是引導發展協調合作融合學校的最重要一章。個體間清楚地溝通是真實文明社會的基礎；如果要發展協調合作和融合，溝通必須有其適當的地位。

我們最珍貴的資源是人際關係。透過共同親善的溝通，使我們的生活有意義，彼此分享，和發展更強的社區感。當在學校共同努力建立社區感時，我們必須容忍不同意見、價值、觀點和想法。而且，如果我們要影響將來人們如何共同努力，我們必須示範這容忍給我們所教導的學生看。這容忍反映出的非常具影響力的方式，在於我們相互傾聽與否。

主 動傾聽

六項基本技能

　　主動傾聽是協調合作過程的基本，協調合作者都是好的傾聽者。他們主動傾聽，意味他們主動參與互動。他們以口語及非口語的線索讓說話者知道，他們在聽並對所說的有興趣。口語上，他們可使用下述六項技能，例如說「嗯嗯」或「請繼續」等等。非口語上，他們可點頭示意、注視說話者、頭傾向說話者、身體傾向說話者，或回應說話者的肢體反應。

　　雖然敘述各種溝通技能的方式很多，在此，六項特定技能是有效溝通的強力基礎。它們是：確認、釋義、反映、澄清、詳述和總結（West, Idol & Cannon, 1989）。表 9.1 包含這六項技能的定義和例子。協調合作小組複習這些技能，確定如何使用每一項技能。然後，小組可以角色扮演方式練習使用這些技能。筆者建議小組每三人分成一組，其中兩人扮演交談者，另一人扮演觀察者。說話者有意選擇一或多項技能使用並保留這項資訊。在模擬交談後，觀察者能給兩位談話者有關於他們如何交談的觀察的回饋，包括六項基本技能中任一項的運用。

　　在這類交談中能學到許多。我們無法常意識到在溝通交談中我們怎樣表現。請求觀察者回饋，可在溝通中發現他人察覺我們及我們對自己的察覺方式是無價的。

　　在觀察者給予回饋之後，三人一組輪流扮演，使每一小組成員有機會觀察和給回饋，並且練習運用這六項基本技能。在整個模擬交談，個別小組成員辨認特定技能後，他們要繼續更有意地在小組聚會時使用。

表9.1　主動傾聽的定義

1. **確認**　對說話者顯示你在傾聽他所說的，對他所說的感興趣而且不評論他所說的。
   (1)非口語行動譬如：傾向說話者、保持目光接觸、點頭或以適當的面部表情顯示承認溝通的重要。
   (2)對說話者反應的方式表示感同身受，加深說話者的感受，是溝通對談話意向認可的最有效方式。
   (3)以簡單的口語反應譬如：「我正在聽，請繼續」、「是的」、「對的」等促進溝通過程。

2. **釋義**　傾聽者試圖用自己的話和表情回饋說話者所說的精華。
   (1)釋義可傳達給說話者，你與他同在並設法瞭解他所說的。
   (2)釋義以較精簡的方式重述他們所說的，可將人們的評論具體化。
   (3)釋義是傾聽者檢核自己觀點的一個方法，以確定是否真正瞭解說話者所說的。
   (4)釋義是從認知或內容觀點給予人們的感受一些認可。

3. **反映**　是聚焦於說話者感受的反應。傾聽者分享對說話者感受的觀點，如何感受對說話者的傾聽，且／或如何感受說話者的立場。
   (1)反映所表示的感受是種技能，適用於任何時候，不論感受的性質（正面的、矛盾的、消極的）或表示的方向（對自己、對他人、對情境）如何。
   (2)傾聽者可能說：「聽起來這個情況令你非常挫折」，以呼應說話者所說一個男孩提早完成他的作業時，教室發生的紛亂。這類反映傾聽者的反應是自由的，可以同意、不同意或予以解釋等。

4. **澄清**　一種回饋方式，傾聽者藉以確定收到的訊息是否即是所傳達的。
   (1)一些澄清的例子是：「那是關於權利？」「我是否正確瞭解你的感受？」「這就是你所說的？」
   (2)通常，這樣的澄清反應在總結說話者所傳達的訊息之後，再次澄清以確定收到的訊息是否正確。

5. **詳述**　幫助說話者由說得少而說得多的方法。
   (1)例如，如果一些問題說話者講得保留或不清楚，那麼傾聽者可直接、清楚、公開地講。說話者所傳達的僅是表面的，傾聽者可以綜合詳述。
   (2)詳述也可能根據對說話者整體溝通的想法，例如口語和非口語的線索和這些的總意義。

（接下頁）

表 9.1 主動傾聽的定義（續）

6.總結　是彙整相關資料或資訊的方法，讓資料說話。當說話者辨認問題有
　困難或呈現的資訊片段零碎時，這個技術特別有用。
　(1)總結時，只由說話者提出資訊。
　(2)總結時，只選擇相關的資料。

　(3)當說話者已說出必須說的，但無法確定所有該說的都說完時，總結是獲
　　得結論的方法。
　(4)總結是可讓說話者完成資訊交換的一種方式，特別是由傾聽者示範了之
　　後。
　(5)總結應用來給協調合作過程動力，幫助溝通者有效率和有效果地從一個
　　主題移到另一個。

註：From *Collaboration in the Schools: An Inservice and Preservice Curriculum for Teachers, Support Staff, and Administrators* (pp. 102-103), by J. F. West, L. Idol, and G. Cannon, 1989, Austin, TX: PRO-ED. Copyright 1989 by PRO-ED.

溝 通

　　如同一位好的傾聽者，有效的協調合作者瞭解溝通過程。當與他人一同工作時，他們知道具體技術和工具，以強化他們的溝通能力的和示範這些技能。在本節，將複習與溝通有關的三個領域：人際溝通的十項原則、一些溝通的點子，和一些小組溝通技能。

人際溝通的十項規則

　　除了主動傾聽和完善運用六項基本技能之外，協調合作者認知澳洲社會學研究者 Hugh Mackay（1994）的人際溝通十項規則（參見表 9.2）。Mackay以成人討論小組從事參與—觀察研究，有目的地依據性別、年齡、種族、文化和教育將成人分配到小組。在研究各種不同類型組合的小組，Mackay 提出這十項規則是可行的，不論各討論小組的個別差異如何。

　　注意第一項規則，Mackay 強調不是我們傳送什麼訊息給聽者，而是聽者接收到什麼訊息。這是好的傾聽和協調合作的基本原則。經常，我們與其他人談話都假定，我們所說的，或試圖說的，就是對方所聽到的。實

表 9.2　Mackay 的人際溝通十項規則

1. 決定我們是否為成功的溝通者，不是我們傳送什麼訊息給聽者，而是聽者接收到什麼訊息。
2. 通常，聽者以使他們感受舒適和安全的方式解釋訊息。
3. 當人們的態度遭受正面攻擊時，他們可能捍衛那些態度，並在這過程中強化之。
4. 人們對與他們自己的情況和觀點相符的訊息，給予最多的注意。
5. 人們對人際關係感到不安全，不太可能是好的聽者。
6. 如果我們也傾聽他們說話，他們較可能聽我們的。
7. 人們對組合新經驗和溝通的反應最可能改變，勝於只對溝通做回應。
8. 如果在做改變之前接受了諮詢，人們較可能支持影響他們的改變。
9. 敘說訊息是什麼，要從如何、何時、何處、誰說這訊息來解釋。
10. 缺乏自知之明和不願解決我們自己內在的衝突，將使我們更難與他人溝通。

註：Adapted from *Why Don't People Listen?* by H. Mackay, 1994, Sydney, Australia: Pan Mac-Millan.

際上，溝通是指聽者實際上聽到了什麼。因此，為什麼六項基本傾聽和反應的技能是溝通行動的根本，如此一來，聽者才能給予說話者他們實際上接受到了什麼的回饋。

108

溝通的點子

在Mackay（1994）所舉的例子中，溝通確實是想法和訊息的交換。一些人出生自溝通清楚且通常正面的家庭，另一些人來自溝通混淆和經常消極的家庭，多數的人來自介於這兩極端之間的家庭。

但不管以前的溝通經驗如何，我們能學習做一位更好的溝通者。我們可以有意使用特定工具幫助我們開創相當舒適、清楚且滿意的溝通互動。這是良好協調合作小組的根本元素。

Dyer和Dyer（1991）專門幫助夫妻學習改善他們的溝通和關係，開發了十項有效溝通的一般點子。在表 9.3 這些點子是供協調合作者用的修改版。它建議協調合作者以兩種方式運用這些點子。首先，當形成小組時，複習點子並以小組方式練習這些點子。其次，當形成小組或個人內在歷程目標時（參見第五章），將所有這些點子融入小組目標。

第 ⑨ 章　如何成為一位較佳的溝通者？

1. 不溝通是不可能的。一個人所說的和所做的都在傳送資訊。當小組成員來聚會，即使彼此沒有打招呼，他們也已彼此在溝通。
2. 溝通採取兩個方式：口語和非口語。當將訊息轉換成言詞，即發生口語溝通。非口語的溝通靠行為。
3. 正面的訊息可以是口語和非口語的。負面的訊息應該總是用口語的，可以避免誤會且容許討論。
4. 所有溝通的發生分為兩個層次。第一個層次包含訊息的簡單內容。例如：「我不喜歡這種解答。」第二個層次聲明關於小組成員與他人的關係。使用的方式可以是音調、時機及其他非口語等因素對他人傳送某些意圖。
5. 完全公開的溝通，如傳送一個人的所有想法，會破壞關係。所有溝通應該檢視。在關愛的關係中，正面訊息要顯著超過負面訊息。
6. 不應該忽略負面感受。當負面訊息改為正面、建設性地要求改變的敘述，關係即可改善。
7. 與負面訊息有關的痛苦言詞和行動，會被長久記住。在表示一則負面訊息之前，要問自己這三個問題：
   (1)「是真的嗎？」
   (2)「時間是否適當？」
   (3)「它有建設性嗎？」
   如果上述這些問題任一個的回答是「否」，則這一溝通可能弊多於利。
8. 將你的溝通努力聚焦於未來，而非過去。未來是可以改變的。
9. 不良的溝通起因於缺乏技能，而非個性不適。溝通技能是可以學習的。所有新技能剛開始似乎是笨拙的，當然溝通技能也是如此。要有耐心和肯定協調合作的夥伴。
10. 改善溝通是建立一個更好關係的必須工具，但不要期待清楚的溝通會使你的協調合作小組完美。建立成功的協調合作還要許多其他因素配合。

註：Adapted from *Growing Together: Couple Workbook* (2nd ed., pp. 11-12), by P. Dyer and G. Dyer, 1991, Minneapolis: Life Innovations.

小組溝通技能

　　除了運用主動傾聽的六項基本技能之外，還要緊守 Mackay 的人際溝通十項規則，這也是建構問題解決小組，使有效溝通最大化的一些基本方式。其中四種方式討論如下。

毛線球 毛線球幫助小組的交談達到成員互惠。在這種情況下，互惠意指所有小組成員有均等的機會與小組分享他們的想法。有時小組會遭遇困難，因為有些成員滔滔不絕，而其他人說很少或根本沒說。當然，有些人只是比其他人健談，但是在貢獻點子方面達到平衡，對開發真實的協調合作小組過程是重要的。

每一小組成員在說話時要拿著毛線球。當下一位說話時，球就傳到那個人手中。當交談繼續，毛線球隨著說話者一位傳一位。經一段時間後，小組停止傳球過程，並且檢查毛線球的傳遞路徑。跨小組成員形成傳球的路徑模式，可清楚看出成員間交談狀態的平衡或不平衡。經常，傳球的路徑模式提供所有資訊，這是使小組進入較互惠的交談所需要的。

只要檢查傳球的路徑模式，人們就可經常修改他們自己的行為。如此，就不需經常重複這練習。如果不平衡問題再出現，就可定期重複這個練習。

溝通鞭子 達成小組交談互惠的另一方法是溝通鞭子。如果毛線球無法立即修改小組成員的行為，溝通鞭子可提供處理這問題的結構。

依溝通鞭子，每一小組成員輪流提供點子給小組。這個策略在本書第五章裡討論解決問題過程的腦力激盪部分是特別有用的。當小組交談時，小組成員依序輪流發言。當輪到他們發言時，如果成員沒準備好講話，他們就說「放棄」。由小組成員設法簡明和直接地表達，鼓勵他們限制自己的言詞。溝通鞭子在於控制健談者和從未講話者。

手勢 使用手勢是小組加速處理解決問題過程的另一有效方式。手勢可輔助過程，因為手勢可迅速傳送訊息，不像口語表示需花較多時間。一些方法的例子如下。

手勢可用來表明時間已到，不需要計時員口語提醒。計時員只要指著時鐘即可。他們將食指橫放在喉頭，以表明已是停止時間或該進入下一個主題，滑水者用同樣的信號來通知小船的駕駛停止。

手勢也可用來輔助決策過程。例如，小組能迅速決定一個論題是否已解決了。在聚會的任一時間點，任一名成員能要求所有小組成員做手勢，表示每個人是否都已解決該論題了。在打手勢的時間點，所有小組成員用右拳頭擊左手掌心兩次，然後第三次他們伸出右手到桌子中心（或小組設

定），右手是握拳或攤開手掌。握拳表示該名成員的論題已解決了，攤開手掌意指需更多的討論。一或多個人攤開手掌意指小組將需進一步討論。就個案而言，所有人握拳意指小組準備進入下一個主題或終止聚會。

　　鼓勵每一協調合作小組發展自己獨特的非口語手勢，以輔助他們的小組過程或溝通互動。如此，可使小組成員建立他們對自己個別小組的認同，還可在小組過程中增加樂趣。

SLANTing　Cecil Mercer 在堪薩斯大學堪薩斯學障青少年研究所時，發展 SLANTing 的班級策略。原本在教導學生適當的班級表現方式。筆者修改 SLANT 策略用於協調合作小組，呈現在表 9.4。SLANTing 小組予人深刻印象的外觀。他們看起來良好！他們看起來感興趣、專業和專注。由他們 SLANTing 的行為看起來，他們顯得互相以尊重和興趣對待，至少看起來是如此。至少，建議所有協調合作小組剛開始時，使用已修改的 SLANTing。SLANTing 提供給小組一個有形的結構，讓他們有一個堅實的地方開始協調合作工作。

表 9.4　協調合作小組中的 SLANTing

S ＝坐直，顯示專業和對所討論的感興趣。
L ＝傾向說話的人。
A ＝表現感興趣，問相關和適當的問題。
N ＝當說話者說話時，偶爾點頭。
T ＝追蹤說話者；你的眼睛要跟隨說話者。

合作諮詢的原則

　　在由筆者和同事（Idol, Nevin, & Paolucci-Whitcomb, 1994）發展的合作諮詢模式，我們找出幾項不同的合作諮詢原則，發現在發展協調合作夥伴關係是有用的。這是我們從觀察許多教師接受諮詢教師訓練而學得的，顯示在第二章表 2.2——合作諮詢的原則。建議每一小組成員遵守這些原則，主動練習，並應用在小組聚會。

如果小組開始有問題，第一件要做的事是個別成員去複習第二章表2.2的內容，以確定是否違反了那些原則。然後，如果個體發現需要改進一或多項原則，建議首先私下完成這個挑戰的改善。需要改善的領域可以當作人際目標來處理，並私下檢視（參見本書第五章協調合作解決問題過程的敘述，包括個人內在目標）。

在檢查和檢視個人的私下行為之後，小組檢查小組的行為。首先，小組參考在當初為解決問題過程設定的小組過程目標。討論和評估進步情形後，接著修改現有的目標或設定新目標。

112

通技能的自我評估

另一在協調合作小組過程中檢視自己行為的方式，是定期評估自己運用各種溝通的技能。附錄9.A包含用於這個目的之評估工具。這可以和合作諮詢的原則一起，由個人或整個小組私下運用。

組過程的檢驗

最後，整個小組應該定期停下小組過程並檢驗過程的適合情形。附錄9.B是小組用來評估這個目的之檢驗工具。再者，參考第三章，解釋解決問題的諸階段。注意在設定目標階段，預期小組至少有一種簡單方式檢視小組過程。在找出哪些過程技能發生作用時，從這一工具的一些項目找出小組需要訂為改善標的的目標。

附錄9.B也可作為個人改進自己個人內在行為的工具。如果這些項目如此使用，建議他們私下使用。

總 結

　　溝通良好的小組建立了一個非常堅強的基礎，供協調合作解決問題。在本章裡，你已閱讀關於改進你的傾聽技能、個人內在和小組溝通技能、非口語的溝通技能，和處理你的小組成員及互動的方式等策略。當你竭力成為協調合作者和小組成員時，各種的評估工具和檢核表可能幫助你和你的小組。

諮詢合作與融合教育

附錄 9.A

溝通技能的自我評估

1. 你是一位好的傾聽者嗎？ _____

2. 其他人認為你是一位好的傾聽者嗎？ _____

3. 當別人說話時，你是否做出急促的噪音及姿態顯示你沒有在聽？ _____

_____

4. 是否你的思維跑在說話者的言詞之前？ _____

5. 你是否主動練習傾聽和反應的六項基本技能：

_____ 確認？	_____ 釋義？
_____ 反映？	_____ 澄清？
_____ 詳述？	_____ 總結？

6. 這六項基本技能中，你需要改進任何一項嗎？哪一項（些）？ _____

_____

7. 你最近複習人際溝通十項規則了嗎？哪些是你需要提醒自己的？ _____

_____

8. 你是否一次問一個問題？然後等待反應？ _____

9. 你的口語和非口語溝通間是否一致？ _____

10. 你是否每次清楚地傳送所收到的訊息？ _____

11. 你是否避免你的偏差或先入之見干擾你的傾聽？ _____

12. 你是否等說話者講完訊息，而不是為表達你自己的想法而打斷他的說話？ __

_____

第 9 章 如何成為一位較佳的溝通者？

附錄 9.B

小組過程的檢驗

自己　小組

_____ _____ 1. 選定的聚會時間，所有小組成員都能參加。

_____ _____ 2. 聚會時間的分配是充足的。

_____ _____ 3. 我們的小組成員約五至七名。

_____ _____ 4. 我們使用解決問題作業單，幫助我們的過程和記錄我們小組的成果。

_____ _____ 5. 我們是一個公平的小組，所有成員平等地對待。

_____ _____ 6. 我們偶爾停下來檢驗我們的小組過程。

_____ _____ 7. 我們總是努力改進小組過程技巧。

_____ _____ 8. 我們準時開始和結束聚會。

_____ _____ 9. 我們鼓勵對要解決的問題採多元觀點和理解。

_____ _____ 10. 我們主動考慮該問題數個不同的解答。

_____ _____ 11. 我們仔細分析各種可能解答的利弊得失。

_____ _____ 12. 我們對該問題的最佳解答達成共識。

_____ _____ 13. 我們一次實施一個解答。

_____ _____ 14. 我們發展行動計畫，列出解決該問題的必要細節。

_____ _____ 15. 我們持續評估我們的小組過程。

_____ _____ 16. 在解決該問題時，我們檢視和評估我們的進度。

_____ _____ 17. 當評鑑時，在融合班我們使用容易實施的簡單方法。

_____ _____ 18. 整個小組同意後，我們才將我們蒐集的任何資訊對他人發表。

_____ _____ 19. 當公平分享點子法有困難時，我們使用溝通鞭子。

_____ _____ 20. 在我們的小組內，我們有同伴之誼。

_____ _____ 21. 偶爾我們邀請觀察員觀看我們的小組過程，給我們回饋。

_____ _____ 22. 針對我們的小組過程技能，我們互相給回饋。

_____ _____ 23. 以客氣、改進我們的溝通和小組互動技能的精神，我們接受回饋。

_____ _____ 24. 在小組聚會時，我們刻意地使用 SLANTing。

CHAPTER 10

如何建立
支持改變的態度和信念？

What Can Be Done To Support Changes in Attitudes and Beliefs?

建立協調合作融合學校是困難的現實，並非校內每個人都想要這樣做。對校內未準備好面對建立協調合作融合學校的人，至少需要兩個概念性轉變。

一個概念性轉變是關於協調合作，有些教師習慣於獨自教學，與其他專業人員疏離。他們不習慣於小組合作、協調教學或小組做決定。他們習慣於獨自工作和單方面做決定。進行全校協調合作運動對這些人是具威脅的。

另一個概念性轉變是關於融合，有些教師覺得特殊教育的處理方式非常方便。他們習慣於且偏好將教導或管理困難的學生轉介給特殊教育。他們經常期待轉介會造成特殊教育安置，這種安置常將學生從普通班轉到特殊班。大多時候，安置決定導致學生半天以上的時間仍留在普通班。然而，有些教師總是固執地認為特殊需求學生應從他們的班級剔除。

需 要什麼？

為了讓學生有最好的學習，態度和信念的改變是必要的。改變是不可避免的。改變在持續中。生活不可能停滯不前。在學校的生活也確定不可能停滯不前。關鍵是學校同仁要接受改變和學會擁抱改變。

面對恐懼

當人們感到受威脅時會抗拒，特別是面對改變。威脅有時可能來自真實的，有時可能是想像的。不管哪個來源，當面對恐懼時最好是處理它。應該鼓勵和支持學校同仁辨認他們對發展協調合作融合學校的恐懼。這些恐懼若是適當和合理，應該由全校同仁分擔，整個團體才能參與合作解決問題。

計劃前瞻願景

在一所協調合作學校，學校同仁一起來辨認真實和潛在的問題，並提出那些問題的解答。小組聚會的首要目標，是開創協調合作融合學校的願景。這願景的開創應該由全校同仁達成共識。共識建立過程依據的前提，是整個團體開創願景而全校同仁在道德和專業上都能接受。

以前瞻方式完成願景的開創，而不只是一個反應。焦點在開創實施前的願景，而不是對特定利益團體或問題的反應。它對團體的心理健康和同心協力是非常重要的，重視正面、前瞻地開創願景。

支持學校同仁

以筆者擔任學校諮詢者的經驗，最大的轉變在於當學校同仁感受到支持時，抗拒會變得緩和。最重要的支持源泉來自校長。當教師感到校長是在支持他們，他們就對工作滿意、願意冒險和接受挑戰和改變。

最抗拒的學校同仁也許認為校長應該支持維持現狀，保留事物已有的狀況。這些同仁需要輔導和研習，以瞭解正面支持可帶來更多未來的方式，譬如：學校同仁發展機會、有專業時間供協調合作、開創全校的願景、發展支持融合班的具體方式（如第四章所討論的）、養成學生更多成功的班級經驗。藉由提供這樣的支持和機會，校長的媒介功能在於幫助最抗拒的學校同仁讚賞正面結果——達成實施過程中規劃的改變。

提供系統的學校同仁發展

支持教師和達到改變最有效的方法之一，是透過學校同仁發展。這工作的內容應以本書各章的概念為指南，仔細計劃運用。

在建立協調合作融合學校，學校同仁一般需要在兩個主要領域的發展機會：(1)怎麼共同努力；和(2)在融合教室要做什麼。建議學校同仁發展的領域詳列如下：

- 協調合作解決問題的過程。
- 精進小組協調合作和溝通的技能。
- 在融合班教室有效的評量、教導和學生評估的方法。
- 發展協調合作的各種全校性機制（參見第四章）。
- 發展支持融合班教師的各種方式（參見第四章）。
- 進一步發展學習管理衝突和對抗。
- 過程和結果的評估。
- 融合班的輔導和研習。

提供關心者的論壇

每一學校同仁及校長需要建立一個論壇，以溝通和分享所關心的事項。這個論壇可以是定期定時的學校同仁會議，致力於提出詢問和探索解答。也可以是建立策略供關心的人以電子郵件或個人資訊傳送給特定的人，譬如校長、副校長、部門代表、學年小組主席、融合教育負責人等等。如果是運用學校本位管理，建立關心的個人傳送訊息給這個小組的方式是適當

第 10 章　如何建立支持改變的態度和信念？

的。這有幾個方式可做，重要的是，至少要建立供表示關心的一個固定論壇。

再定義和澄清角色和責任

學校同仁抗拒的主要原因之一，是有時他們個人對工作保障的關心。他們恐懼改變，是因為如果改變太多，他們的技能會過時而不足以勝任他們的專業。除學校同仁發展之外，至關重要的是在協調合作融合工作所關心的，確定對他們及合作夥伴的期待是什麼（參見第四章對工作說明、角色和責任的較深入討論和舉例）。釐清對所有參與專業人員的期待是什麼，及讓整個團體決定這些期待，對緩和工作保障的疑慮有很大的幫助。

評估改變

事先知道如何評估改變，是開創協調合作融合學校共同願景的重要部分。不幸地，許多學校同仁等到改變已成為事實，才去探索如何蒐集改變的證據。對評估採取前瞻立場是基本的。

在協調合作融合學校可從三個不同向度評估改變：(1)學生的改變；(2)參與成人的改變；及(3)學校本身系統內部的改變。評估在這三個領域改變類型的例子，如表 10.1 所列。

118 　表 10.1　評估改變的三個向度

學生改變	• 學術技能／成績。
	• 態度。
	• 社會行為。
小組改變	• 知識基礎的技能。
	• 人際和溝通技能。
	• 個人內在態度和信念。
體制改革	• 班級。
	• 校內。
	• 學區。

有 效接受及處理抗拒

除了上面討論的領域之外，抗拒本身是強大可怕的力量，必須找出它、接納它。接納之後，方能選擇具體策略來管理抗拒和支持人們，使組織和個體改變。

處理組織的抗拒

對瞭解如何在組織內成功地改變，圖 10.1 是一個非常有用的指南。在中間的內圈代表個人，當組織內（外圈代表組織）個人體驗改變強加在他們身上時，他們的感受如何。

圍著內圈的是影響個人在組織如何知覺和接受改變的七個變項。組織內變項的數量越少，則內圈越小。這代表個人如何感受在組織內非常渺小和不重要。當這個內圈縮小，它說明個人如何變得更小、更緊縮和更加抗拒。

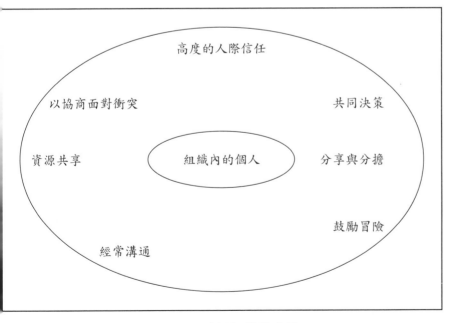

圖 10.1　助長組織的改變

當七個變項全部具備，內圈開始擴展。這說明當得到適當支持後，個人更建立和確信融入這組織的過程。

承認和接受抗拒的重要步驟，是運用這個圖，以更加瞭解個人如何在校內增權增能和充實這感受。問下列這些問題有助於這一過程：

- 你是否七個變項全部具備？
- 學校全體同仁察覺他們具備嗎？
- 是否七個變項全部發生作用？
- 對學校每一同仁而言，七個變項是可達成的嗎？

如果是這樣，在你的學校抗拒會是最小的，經增權增能的學校同仁共同努力，且擁有和慶祝他們所建立的改變。如果不是這樣，找出那些有問題的領域。然後，開發一個協調合作計畫，以確保這七個變項的每一個變項都具備。

對處理組織抗拒的另一方法，是以具體策略應付對改變的抗拒。Pokras（1989）提出了十六個這種策略，列在表 10.2。改變者應該經常參考這張表，以確保運用這十六個策略的每一個策略以獲得進步。

表 10.2　處理抗拒改變的策略

1. 悅納。	9. 排解抗拒。
2. 擬情、同理心。	10. 強調好處。
3. 行動之前先瞭解。	11. 解釋目的。
4. 分析後果。	12. 再次向他們保證。
5. 全校同仁參與。	13. 強調成長與發展。
6. 事前提出警告。	14. 融入系統訓練。
7. 剷除枝節。	15. 逐步改變。
8. 積極地提出。	16. 表揚和鼓勵支持者。

註：Adapted from *Systematic Problem Solving and Decision Making*, by S. Pokras, 1989, Los Altos, CA: Crisp.

處理個別抗拒

如上所述，處理抗拒的主要基礎在於獲得學校層級的支持。但是，學校內某些人可能高度抗拒，以致造成困難超出個人的範圍。下列認知是重

要的：否定行為會感染，特別是當否定者感到自己是受害者時。學校其他同仁會捲入否定和抗拒運動。通常當這類對峙升高時，真相會被扭曲，恐懼會升高，並且信任迅速腐蝕。

　　重要的是，要提供所有學校同仁一個論壇，一起來探索和分享他們對於改變的態度和信念。這種異質混合是重要的，因為否定者難以看到改變的正面好處和全貌。抗拒者若能與持較正面觀點的他人接觸，有助於支持他們改變。

　　以筆者的經驗，分享態度和信念的最好論壇，是透過學校同仁發展的聚會。時間應該分成三個不同的內省階段。

階段一　第一階段應該是，個體以私下和被保護的方式處理資訊和檢查自己的態度和信念。例如，你可以播放身心障礙學生統合在普通教育的短片給學校同仁小組看。在看完後，個體立即檢查自己的私下想法和信念，提醒要善待自己和允許自己體驗任何想法或信念，而不是以羞愧、罪惡感、否認、投射、憤怒等等來關閉這樣的感受。一個有效的方式讓人們自我反省，寫下他們自己的感受，沒有他人審查或校訂。這些寫下來的東西完全私有，不應該由他人閱讀。120

階段二　在第二個階段，鼓勵個體與和他坐最近的兩位分享自己的感受和想法。這大約需要十分鐘的時間。

階段三　在第三個階段，小組領導者帶領整個小組一同分享任何印象、想法和信念，他們感受到整個小組因傾聽而獲益。提醒整個小組所有人都要對這事實練習非批判的反應與悅納；這事實即所有人分享來自小組已存在的，不論與他人分享與否。

承認阻礙　接著，進一步延長第三階段。整個團體隨機分成三至五個人一小組。這是重要的，因為這樣小組才會混合著各種類型不願意一起工作或坐在一起的人；然後，每一小組列出實施改變的可能阻礙。這些想法是腦力激盪且非批判地列出，對所有想法是平等有效的。這個過程需要大約十分鐘的時間。各個小組有一名計時員、一名記錄員和一位小組發言人。

　　然後，團體領導者集合整個團體，要求小組發言人與團體分享小組所列的阻礙。這些阻礙由一或兩名團體記錄員列在大張紙上。這是一個有用121

的策略，要求否定者幫助記錄這個過程，如此可讓他們更直接地參與團體過程。當每一個想法列出後，如果所列的阻礙其他小組也有，則該小組的發言人要舉手。另一人計數舉手者並向團體記錄員報告數量，團體記錄員則將阻礙的數量記錄在大張紙上。另一位小組發言人則將這些項目從要向團體報告的名單中刪除。

創造解答　然後，團體回到小組，各個小組從團體大張紙上所列的障礙選擇三個最大的障礙。他們每人為這三個障礙裡的每一個至少列出三個解答。然後回到團體報告這些解答。這些解答被打字列印出來並發給整個團體，以激發個體更多的想法。終於，在最後一次的聚會，全校同仁在每個障礙的一或多個解答簽名支持，這些障礙是經許多人公認的障礙。

　　這過程若做得好，可使大家參與做決定。它幫助學校同仁達成共識，更容易解決主要障礙，並使每個人增權增能參與解答，而不僅是釐清障礙。團體分享過程也可幫助比他人更有否定想法的人獲得較寬廣和正面的觀點。

和平地解決衝突

　　許多人害怕衝突。這害怕導致我們接近與我們想法相近及意見相同的人。有時人們對害怕有扭曲的感受，因為他們的成長經驗中曾有因家中衝突導致不幸。有時他們誤解，而害怕任何衝突或分歧都會導致不幸，其實這在專家間很少發生。解決衝突的第一步在協助人們瞭解，看法分歧可能是非常健康的，因為它可使成員增權增能，若是自己運用具體策略處理這些困難的行為，將陷於盲目嘗試或抵銷。表 10.3 提出和平解決衝突的建議，而表 10.4 提供分辨和處理難相處者的策略。

表 10.3　和平解決衝突的建議

・尊重他人的權利。	・瞭解相關的論題。
・表達你的關心。	・考慮可能的後果。
・分享共同目標和興趣。	・想像幾個可能的變通的解決方案。
・對不同的觀點持開放態度。	・提供一些合理的妥協。
・仔細傾聽所有提案。	・相互公平協商，合作協議。

表 10.4　分辨和處理難相處者的策略　　　　　　　　　　122

人格類型	特徵	策略
攻擊者	敵對、攻擊、虐待、威逼。	• 讓他們有發洩的管道以表達他們的憤怒。 • 不要讓他們喋喋不休，對他們說：「大衛，我聽到你說的了，讓我們坐下來談一談。」 • 認真看待他們所說的，聽他們說並讓他們知道你在聽，然後清楚陳述你的立場。 • 避免誘發爭論。
唯我中心者	專家，常比他人知道更多；愛現；會被他人挫銳氣。	• 讓他們先說，允許他們有段時間「沉浸在自己的看法中」。 • 準備事實，因為你無法對唯我中心者「造假」。
告密者	肆意抨擊，用迂迴方式諷刺當權者，經常用笑話掩飾。	• 別不理會他們的評論，反而要揭穿他們。 • 當他們誹謗時，要直接問他們的看法和解答。 • 迫使他們公開面對大家，削弱他們製造問題的能力。
受害者	消極地看待一切；他們抱怨、發牢騷，似乎是無力、挫敗。	• 當他們認為沒人看重他們時，要認真看待他們。 • 以傾聽他們的意見，開始與他們互動。 • 引導他們面對事實，事實通常不像他們所說的消極。 • 控制場面，先提出你自己的負面看法，再邏輯地一一排除之。 • 引導他們注意情況的積極面。
否定者	不僅否定，他們不信任主事者。相信他們的方法是唯一正確的；喜愛的座右銘：「我早就告訴你了。」	• 保持正面但實際的思考。 • 當別人一提出一種解答，他們就開始否定時，延後討論。 • 等待，直到他們開始提出解答。 • 拒絕與他們爭論，堅守事實。 • 預料他們可能提出的反對，準備事實和資訊反駁他們。

（接下頁）

表 10.4　分辨和處理難相處者的策略（續）

人格類型	特徵	策略
123　應聲蟲	容易喜歡；非常難搞的類型；好交際和友善；強烈需要被喜歡；迎合他人需要而貶低自己；怕犯錯；不會說「不」且使自己過度負荷。	• 難以發現真相，因為他們只說他們認為他人想聽的話。 • 當他們的戒心降低時，仔細聽他們說什麼。 • 傾聽他們話中的情緒，常會顯露他們真實的價值系統。 • 謹慎限制你對他們的要求，以消除他們對自己錯過和延遲最後期限的失望。 • 教導他們何謂實際可行的工作量。 • 幫助他們以適當的觀點看事物。
沉默者	沉默寡言；最難處理；不顯露他們真正的動機；難以瞭解；難以誘導他們表達。	• 最有效的策略是誘導他們。 • 總以開放式問題要他們答覆，要他們不只回答「是／否」的答案。 • 即使有長時間的沉默，也要給他們時間反應。 • 如果他們拒絕反應，同意之後再討論，並要他們思考下次將討論的特定主題。

註：Adapted from "Managing Difficult People", by M. Manning and P. A. Haddock, 1988, November, *Sky Magazine*, p.128, 132-134.

總 結

　　本章我們探索了在建立協調合作融合學校更具挑戰的層面——學會悅納和處理抗拒行為。我們檢查了在所有情況所需的一些基本要求，然後說明處理組織抗拒及個別抗拒的具體策略。

參考文獻
REFERENCES

American Association of School Administrators, National Association of Elementary School Principals, and National Association of Secondary School Principals. (1988). School-based management: A strategy for better learning. Arlington, VA: Author (AASA); Alexandria, VA: Author (NAESP); Reston, VA: Author (NASSP).

Bauwens, J., & Hourcade, J. J. (1995). *Cooperative teaching: Rebuilding the schoolhouse for all students.* Austin, TX: PRO-ED.

Bauwens, J., Hourcade, J. J., & Friend, M. (1989). Cooperative teaching: A model for general and special education integration. *Remedial and Special Education, 10*(2), 17–22.

Brookover, W., Beady, D., Flood, P., Schweitzer, J., & Wisenbaker, J. (1979). *School social systems and student achievement schools can make a difference.* New York: Praeger.

Canter, L., & Canter, M. (1982). *Assertive discipline: A take charge approach for today's education.* Los Angeles: Lee Canter and Associates.

Chalfant, J. C., & Van Dusen Pysh, M. (1989). Teacher assistance teams: Five descriptive studies on 96 teams. *Remedial and Special Education, 10*(6), 49–58.

Duckett, W., Parke, D., Clark, D., McCarthy, M., Lotto, L., Gregory, L., Herling, J., & Burlson, D. (1980). Why do some schools succeed? *The Phi Delta Kappan study of exceptional elementary schools.* Bloomington, IN: Phi Delta Kappa.

Dyer, P., & Dyer, G. (1991). *Growing together: Couple workbook* (2nd ed.). Minneapolis: Life Innovations.

Edmonds, R. (1979). Effective schools for the urban poor. *Educational Leadership, 37,* 15–24.

Education for All Handicapped Children Act of 1975, 20 U.S.C. § 1400 et seq.

Englemann, S., & Bruner, E. C. (1974). *DISTAR: An instructional system—Reading 1.* Chicago: Science Research Associates.

Fagen, S. A. (1986). Least intensive interventions for classroom behavior problems. *The Pointer, 31*(1), 21–28.

Fuchs, D., & Fuchs, L. S. (1994). Inclusive schools movement and the radicalization of special education reform. *Exceptional Children, 60*(4), 294–309.

Gardner, H. (1993). *Multiple intelligence: The theory in practice.* New York: Basic Books.

Glasser, W. (1977, November–December). Ten steps to good discipline. *Today's Education,* 61–63.

Hord, S. M. (1986). A synthesis of research on organizational collaboration. *Educational Leadership, 44,* 22–26.

Idol, L. (1989). The resource/consulting teacher: An integrated model of service delivery. *Remedial and Special Education, 10*(6), 38–48.

Idol, L. (1990). The scientific art of classroom consultation. *Journal of Educational and Psychological Consultation, 1*(1), 3–22.

Idol, L. (1993). *Special educator's consultation handbook* (2nd ed.). Austin, TX: PRO-ED.

Idol, L. (1994a). Don't forget the teachers. *The Journal of Emotional and Behavioral Problems, 3*(3), 28–33.

Idol, L. (1994b). Key questions related to inclusion and collaboration in the schools. *The Consulting Edge, 6*(1), 1–3.

Idol, L. (1996). Collaborative consultation and collaboration. In J. Lupart, A. McKeough, & C. Yewchuk (Eds.), *Schools in transition: Rethinking regular and special education* (pp. 22–241). Toronto: Nelson-Canada.

Idol, L. (1997a). Key questions related to building collaborative and inclusive schools. *Journal of Learning Disabilities, 30*(4), 384–394.

Idol, L. (1997b). *Reading success: A specialized literacy program for students with challenging reading needs.* Austin, TX: PRO-ED.

Idol, L., Nevin, A., & Paolucci-Whitcomb, P. (1994). *Collaborative consultation* (2nd ed.). Austin, TX: PRO-ED.

Idol, L., Paolucci-Whitcomb, P., & Nevin, A. (1986). *Collaborative consultation.* Austin, TX: PRO-ED.

Idol, L., & West, J. F. (1989). *Collaboration in the schools: The problem-solving process* [Video]. Austin, TX: PRO-ED.

Idol, L., & West, J. F. (1991). Educational collaboration: A catalyst for effective schooling. *Intervention in School and Clinic, 27*(2), 70–78, 125.

Idol, L., & West, J. F. (1993). *Effective instruction of difficult-to-teach students: An inservice and preservice professional development program for classroom, remedial, and special education teachers.* Austin, TX: PRO-ED.

Idol, L., West, J. F., & Lloyd, S. (1988). Organizing and implementing specialized reading programs: A collaborative approach involving classroom, remedial and special education teachers. *Remedial and Special Education, 9*(2), 54–61.

Idol-Maestas, L., & Ritter, S. (1985). A follow-up study of resource/consulting teachers. *Teacher Education and Special Education, 8*(3), 121–131.

參考文獻

Individuals with Disabilities Education Act of 1990, 20 U.S.C § 1400 *et seq.*

Johnson, D. W., & Johnson, R. T. (1987). *Learning together and alone: Cooperation, competition, and individualization.* Englewood Cliffs, NJ: Prentice Hall.

Johnson, D. W., Maruyama, G., Johnson, R., Nelson, D., & Skon, L. (1981). Effects of cooperative, competitive, and individualistic goal structures on achievement: A meta-analysis. *Psychological Bulletin, 89*(1), 47–62.

Kauffman, J. M., & Hallahan, D. P. (1995). *The illusion of full inclusion: A comprehensive critique of a current special education bandwagon.* Austin, TX: PRO-ED.

Kubick, K. (1988). *School-based management* (ERIC Digest Series). Eugene, OR: ERIC Clearinghouse on Educational Management.

Lewis, R. B., & Doorlag, D. H. (1991). *Teaching special students in the mainstream* (3rd ed., p. 80). Columbus, OH: Merrill.

Lindquist, M. M. (1987). Strategic teaching in mathematics. In B. F. Jones, A. S. Palincsar, D. S. Ogle, & E. G. Carr (Eds.), *Strategic Teaching and Learning* (pp. 111–134). Alexandria, VA: Association for Supervision and Curriculum Development.

Long, N. J. (1994). Inclusion: Formula for failure? *The Journal of Emotional and Behavioral Problems, 3*(3), 19–23.

Lovitt. T. (1991). *Preventing school dropouts: Tactics for at-risk, remedial, and mildly handicapped adolescents.* Austin, TX: PRO-ED.

Mackay, H. (1994). *Why don't people listen?* Sydney, Australia: Pan MacMillan.

Manning, M., & Haddock, P. A. (1988, November). Managing difficult people. *SKY Magazine,* p. 128, 132–134.

Meltzer, L., Roditi, B., Haynes, D. P., Bidle, K. R., Paster, M., & Taber, S. (1996). *Strategies for success: Classroom teaching techniques for students with learning problems.* Austin, TX: PRO-ED.

Nevin, A., Thousand, J., Paolucci-Whitcomb, P., & Villa, R. (1990). Collaborative consultation: Empowering public school personnel to provide heterogenous schooling for all—or, Who rang that bell? *Journal of Educational and Psychological Consultation, 1*(1), 41–67.

Palincsar, A. S., & Brown, A. L. (1984). Reciprocal teaching of comprehension-fostering and comprehension-monitoring activities. *Cognition and Instruction, 1*(2), 117–175.

Pokras, S. (1989). *Systematic problem-solving and decision-making.* Los Altos, CA: Crisp.

Provus, M. (1971). *The discrepancy evaluation model.* Berkeley, CA: McCutchan.

Putnam, J. W., Spiegel, A. N., & Bruininks, R. H. (1995). Future directions in education and inclusion of students with disabilities: A Delphi investigation. *Exceptional Children, 61*(6), 553–576.

Resnick, L. (1987). *Education and learning to think. 1987 ASCD Yearbook.* Alexandria, VA: Association for Supervision and Curriculum Development.

Roy, P., & O'Brien, P. (1989, November). *Collaborative school: What! So what! Now what!* Paper presented at the annual conference of the National Staff Development Council, Anaheim, CA.

Sage, D. (Ed.) (1993). It means more than mainstreaming . . . *Inclusion Times, 1*(1), 2.

Saver, K., & Downes, B. (1990). Pit Crew: A model for teacher collaboration in an elementary school. *The Consulting Edge, 2*(2), 1–3.

Schloss, P. J. (1992). Mainstreaming revisited. *The Elementary School Journal, 92*(3), 233–244.

Sharan, S. (1980). Cooperative learning in small groups: Recent methods and effects on achievement, attitudes, and ethnic relations. *Review of Educational Research, 50*(2), 241–271.

Slavin, R. E. (1981). Synthesis of research on cooperative learning. *Educational Leadership, 38,* 655–660.

Slavin, R. E. (1984). Review of cooperative learning research. *Review of Educational Research, 50*(2), 315–342.

Slavin, R. E., Madden, N. A., & Stevens, R. J. (1990). Cooperative learning models for the 3 R's. *Educational Leadership, 47*(4), 22–28.

Smith, S. C., & Scott, J. L. (1990). The *collaborative school.* Eugene: University of Oregon, ERIC Clearinghouse on Educational Management.

Thousand, J., & Villa, R. (1990). Sharing expertise and responsibilities through teaching teams. In W. Stainback & S. Stainback (Eds.), *Network supports for inclusive schooling: Interdependent integrated education* (pp. 151–166). Baltimore: Brookes.

Thousand, J., Villa, R., & Nevin, A. (1994). *Creativity and collaborative learning: A practical guide to empowering students and teachers.* Baltimore: Brookes.

Vaughn, S., & Schumm, J. S. (1995). Responsible inclusion for students with learning disabilities. *Journal of Learning Disabilities, 28*(5), 264–270.

Welch, M., Richards, G., Okada, T., Richards, J., & Prescott, S. (1995). A consultation and paraprofessional pull-in system of service delivery: A report on student outcomes and teacher satisfaction. *Remedial and Special Education, 16,* 15–28.

West, J. F., & Cannon, G. (1988). Essential collaborative consultation competencies for regular and special educators. *Journal of Learning Disabilities, 21*(1), 56–63, 28.

West, J. F., & Idol, L. (1990). Collaborative consultation in the education of mildly handicapped and at-risk students. *Remedial and Special Education, 11*(1), 22–31.

West, J. F., Idol, L., & Cannon, G. (1989). *Collaboration in the schools: An inservice and preservice curriculum for teachers, support staff, and administrators.* Austin, TX: PRO-ED.

Wiederholt, J. L., & Chamberlain, S. P. (1989). A critical analysis of resource programs. *Remedial and Special Education, 10*(6), 15–37.

諮詢合作與融合教育

英漢索引
INDEX

條目後的頁碼係原文書原碼，檢索時請查正文側邊的頁碼

英漢索引

諮詢合作與融合教育

148

英漢索引

諮詢合作與融合教育

英漢索引

諮詢合作與融合教育

英漢索引

國家圖書館出版品預行編目資料

諮詢合作與融合教育／Lorna Idol 著；周天賜譯.
--初版.--臺北市：心理，2008.09
面； 公分.--（障礙教育；83）
譯自：Creating collaborative and inclusive schools
ISBN 978-986-191-191-5（平裝）

1.融合教育 2.班級經營

529.5 97016342

障礙教育 83　　諮詢合作與融合教育

作　　者：Lorna Idol
譯　　者：周天賜
責任編輯：晏華璞
執行編輯：高碧嶸
總　編　輯：林敬堯
發　行　人：洪有義
出　版　者：心理出版社股份有限公司
社　　址：台北市和平東路一段 180 號 7 樓
總　　機：(02) 23671490　　傳　　真：(02) 23671457
郵　　撥：19293172　心理出版社股份有限公司
電子信箱：psychoco@ms15.hinet.net
網　　址：www.psy.com.tw
駐美代表：Lisa Wu　tel：973 546-5845　fax：973 546-7651
登 記 證：局版北市業字第 1372 號
電腦排版：臻圓打字印刷有限公司
印　刷　者：翔盛印刷有限公司
初版一刷：2008 年 9 月